LECTIO
DIVINA
DE LOS
EVANGELIOS

PARA EL
AÑO LITÚRGICO
2020-2021

CONFERENCIA DE OBISPOS CATÓLICOS
DE LOS ESTADOS UNIDOS

Primera impresión, septiembre de 2020

ISBN 978-1-60137-923-8

CONTENIDO

La lectura busca la dulzura de una vida bendita
La meditación la percibe,
La oración la pide,
La contemplación la gusta.

La lectura, por así decir, pone comida en la boca;
La meditación la mastica y la rompe,
La oración extrae su sabor,
La contemplación es la dulzura misma
Que alegra y refresca.

La lectura trabaja en el exterior,
La meditación en el fondo,
La oración pide lo que anhelamos;
La contemplación nos deleita en la dulzura
Que hemos encontrado.

— Guigo II, *La Escala de los Monjes*, III (siglo XII)

QUÉ ES LA *LECTIO DIVINA* Y CÓMO USAR ESTE LIBRO

Lectura—Meditación—Oración—Contemplación

Lectio divina, o "lectura divina" es un proceso de involucrarse con Cristo, la Palabra de Dios. Por medio de este sagrado ejercicio, entramos en una relación más íntima con la propia Palabra, que nos comunica el amor del Padre a través del Espíritu Santo.

Lectio divina tiene cuatro pasos en los cuales primero escuchamos lo que ha dicho Dios (lectura). Luego lo interiorizamos y reflexionamos (meditación). De aquí, se elevan nuestros corazones (oración). Finalmente, después de hablarle al Señor en la oración, decansamos y escuchamos su mensaje para nosotros (contemplación).

Éste es el proceso de lectio divina. Es una conversación con Dios, fundamentada en la revelación del propio Dios a nosotros. Esto nos ayuda a hablar con Dios con un enfoque de lo que él ya nos ha comunicado sobe su relación con la humanidad, sus planes y deseos para nosotros, sus promesas, sus advertencias, y su guía sobre cómo podemos vivir para alcanzar verdadera vida en abundancia en Cristo.

A continuación se da una breve descripción de cada uno de los cuatro pasos:

Lectura (*Lectio*)

Lea el pasaje despacio y permítale que penetre.

Si hay una frase o pasaje particularmente llamativa y quiere guardarla consigo, piense en aprenderla de memoria, o anotarla para tenerla con usted, para poder releerla durante el día y dejarla que penetre más profundamente en su espíritu.

"La fe viene de la predicación y la predicación consiste en anunciar la palabra de Cristo". (Romanos 10:17)

"La palabra de Dios es viva, y / eficaz . . . y descubre los pensamientos e intenciones del corazón". (Hebreos 4:12)

Meditación (*Meditatio*)

Lea el pasaje de nuevo, y cuando algo le llame la atención, o le surja una pregunta, deténgase y medite. Piense sobre lo que Dios podría estar diciendo a través de esto.

"Es gloria de Dios ocultar una cosa, / es gloria de reyes investigarla". (Proverbios 25:2)

"Tus ordenanzas quiero meditar / y fijarme en tu forma de actuar". (Salmo 118:15)

Oración (*Oratio*)

Háblele al Señor sobre lo que ha leído y comparta lo que está en su mente y en su corazón—ofrezca y comparta con el Señor su agradecimiento, petición, preocupaciones, dudas, o simplemente, afírmele al Señor la palabra que ha dicho.

"Entremos por sus puertas dando gracias, / por sus atrios, con himnos".
(Salmo 99:4)

"Pidan y se les dará; busquen y encontrarán; toquen y se les abrirá".
(Mateo 7:7)

Contemplación (*Contemplatio*)

Este es un tiempo de silencio, un tiempo de descansar en su presencia y esperar en el Señor. Es un momento en que le permitimos al Señor que hable directamente a nuestro espíritu dentro de nosotros. Requiere práctica. Pero nos permite estar atentos a la voz del Señor y, con práctica regular, nuestra capacidad de escuchar la voz del Señor crecerá en la vida diaria y en las situaciones diarias, a medida que aprendemos a enfocar nuestras mentes, nuestros pensamientos, nuestras preocupaciones y nuestras esperanzas en él.

"Mis ovejas escuchan mi voz; yo las conozco y ellas me siguen".
(Juan 10:27)

"Ríndanse y reconozcan que yo soy Dios". (Salmo 45:11)

Aplicar este proceso de *Lectio Divina* al Año litúrgico

Esta *Lectio Divina de los Evangelios para el Año Litúrgico* guiará al lector a través de los domingos y fiestas y solemnidades principales del año litúrgico. Se puede usar para la devoción privada, y también se puede utilizar fácilmente para ayudar a pequeñas reflexiones grupales en parroquias y comunidades de fe. Ofrece un proceso estructurado para implicarse con la Palabra de Dios. A medida que el lector o grupo se familiariza más con la Escritura, este proceso se puede adaptar más estrictamente al camino de crecimiento que mejor le convenga al lector o lectores.

En primer lugar, la sesión de lectio divina comienza haciendo una oración tomada de la colecta de la Misa para esa semana litúrgica. Después de esa oración, se lee el pasaje principal de la Escritura para la reflexión, que está tomado de la lectura del evangelio para ese día. Esta LECTURA se puede repetir unas cuantas veces para ayudar a que penetre. Después se ofrece una serie de tres preguntas para ayudar en la MEDITACIÓN. Estas preguntas también podrían facilitar el compartir sobre el pasaje en grupo. La persona luego ofrece su ORACIÓN personal, en respuesta al Señor. En un contexto de grupo, las personas pueden expresar sus oraciones de una en una— esto puede ayudar a profundizar la respuesta de oración y a centrar la atención del grupo en el Señor.

Luego se ofrecen una serie de pasajes y preguntas para ayudar al lector a regresar al pasaje del evangelio. Esto invita al lector a contemplar lo que está diciendo el Señor y lo que significa para la propia vida. Permite a la persona o al grupo considerar las maneras específicas en que el Señor podría estar hablando a sus vidas en ese preciso momento. A medida que la persona escucha una respuesta del Señor—la palabra del Señor dicha personal y directamente para él o ella—esa persona puede empezar a dejar que la palabra fluya en su vida, por un cambio interior y una voluntad de hacer lo que Dios está pidiéndoles. A través de ese paso de CONTEMPLACIÓN, escuchamos la voz de Dios que nos habla y nos impulsa a la conversión de mente y corazón.

Después de la oración de conclusión, se da un tiempo a elegir cómo vivir el fruto de la oración. Usted conoce su propio corazón y vida mejor que nadie—si está claro lo que Dios le está pidiendo, en fe, escoja alguna manera en que pueda poner esa petición o enseñanza del Señor en acción en esa semana. Podría ser que el Señor estuviera pidiendo un pequeño acto de fe, o quizá un paso más serio e importante que le está pidiendo que dé. Si no hay nada específico que se le ocurra, considere la sugerencia que se ofrece en la sección *Viviendo la Palabra* esta semana. Esta porción ofrece orientación sobre qué acciones concretas se pueden tomar en la vida diaria.

Lectio Divina de los Evangelios para el Año litúrgico ofrece un modelo de lectura orante de la Palabra de Dios. Al comenzar este camino, que la bendición del Señor lo acompañe y caiga sobre usted, a través del movimiento de los tiempos en este nuevo año litúrgico y que su vida, a su vez, se convierta en bendición para los demás.

LECTIO
DIVINA
DE LOS
EVANGELIOS

29 DE NOVIEMBRE 2020

Lectio Divina para la Primera Semana de Adviento

Empecemos nuestra oración:
En el nombre del Padre, y del Hijo, y del Espíritu Santo.
Amén.

Ayúdanos, Señor Dios nuestro,
a esperar ardorosamente la venida de tu Hijo Jesucristo,
para que cuando llegue y llame,
nos encuentre esperándolo en la oración
y alegrándonos en su alabanza.
Él, que vive y reina contigo en la unidad del Espíritu Santo
y es Dios por los siglos de los siglos.

Oración colecta, Lunes de la I semana de Adviento

Lectura (*Lectio*)

Lee la siguiente Escritura dos o tres veces.

Marcos 13, 33-37

En aquel tiempo, Jesús dijo a sus discípulos: "Velen y estén preparados, porque no saben cuándo llegará el momento. Así como un hombre que se va de viaje, deja su casa y encomienda a cada quien lo que debe hacer y encarga al portero que esté velando, así también velen ustedes, pues no saben a qué hora va a regresar el dueño de la casa: si al anochecer, a la medianoche, al canto del gallo o a la madrugada.

No vaya a suceder que llegue de repente y los halle durmiendo. Lo que les digo a ustedes, lo digo para todos: permanezcan alerta".

Meditación (*Meditatio*)

Después de la lectura, toma unos momentos para reflexionar en silencio acerca de una o más de las siguientes preguntas:

- ¿Cuál palabra o palabras en este pasaje captaron tu atención?
- ¿Qué parte en este pasaje te consoló?
- ¿Qué parte en este pasaje te desafió?

Si practicas la lectio divina *como familia o en un grupo, luego del tiempo de reflexión, invita a los participantes a compartir sus respuestas.*

Oración (*Oratio*)

Lee el pasaje de la Escritura una vez más. Dale al Señor la alabanza, petición y acción de gracias que la Palabra te ha inspirado.

Contemplación (*Contemplatio*)

Lee nuevamente el pasaje de la Escritura, seguida de esta reflexión:

 ¿Qué conversión de la mente, del corazón y de la vida me pide el Señor?

Velen y estén preparados. ¿Cómo puedo estar más atenta a la presencia de Dios en mi vida? ¿Cómo puedo estar más atento a las necesidades de las personas de mi alrededor?

Pues no saben a qué hora va a regresar. ¿Cómo estoy preparándome para encontrarme con Cristo cuando venga de nuevo? ¿Se ver reflejado el lugar principal de Cristo en mi vida en el modo en que gasto mi tiempo?

No vaya a suceder que llegue de repente y los halle durmiendo. ¿Qué me adormece a las exigencias de mi fe? ¿Doy a la práctica de mi fe toda mi energía y esfuerzo?

Después de unos momentos de reflexión en silencio, todos recen la Oración del Señor y la siguiente:

Oración final

Escúchanos, pastor de Israel,
tú, que estás rodeado de querubines,
despierta tu poder y ven a salvarnos.
Señor, Dios de los ejércitos, vuelve tus ojos:
mira tu viña y visítala,
protege la cepa plantada por tu mano,
el renuevo que tú mismo cultivaste.

Que tu diestra defienda al que elegiste,
al hombre que has fortalecido.
Ya no nos alejaremos de ti;
consérvanos la vida y alabaremos tu poder.

Del Salmo 79

Vivir la Palabra esta semana

¿Cómo puedo convertir mi vida en un don de caridad para los demás?

Examina cuidadosamente tu horario para esta semana y juzga si refleja con exactitud la prioridad que debe tener la fe en tu vida.

6 DE DICIEMBRE 2020

Lectio Divina para la Segunda Semana de Adviento

Empecemos nuestra oración:
En el nombre del Padre, y del Hijo, y del Espíritu Santo.
Amén.

Te rogamos, Dios todopoderoso,
que concedas a tu pueblo esperar en constante vigilancia
la venida de tu Unigénito,
para que, conforme a lo que nos enseñó
el autor mismo de nuestra salvación,
podamos correr presurosos a su encuentro
con nuestras lámparas encendidas.
Él, que vive y reina contigo en la unidad del Espíritu Santo
y es Dios por los siglos de los siglos.

Oración colecta, Viernes de la II semana de Adviento

Lectura (*Lectio*)

Lee la siguiente Escritura dos o tres veces.

Marcos 1, 1-8

Éste es el principio del Evangelio de Jesucristo, Hijo de Dios. En el libro del profeta Isaías está escrito:

He aquí que yo envío a mi mensajero delante de ti,
    a preparar tu camino.
Voz del que clama en el desierto:

*"Preparen el camino del Señor,
enderecen sus senderos".*

En cumplimiento de esto, apareció en el desierto
Juan el Bautista predicando un bautismo de
arrepentimiento, para el perdón de los pecados. A
él acudían de toda la comarca de Judea y muchos
habitantes de Jerusalén; reconocían sus pecados y él
los bautizaba en el Jordán.

Juan usaba un vestido de pelo de camello, ceñido con
un cinturón de cuero y se alimentaba de saltamontes
y miel silvestre. Proclamaba: "Ya viene detrás de mí
uno que es más poderoso que yo, uno ante quien no
merezco ni siquiera inclinarme para desatarle la correa
de sus sandalias. Yo los he bautizado a ustedes con
agua, pero él los bautizará con el Espíritu Santo".

Meditación (*Meditatio*)

*Después de la lectura, toma unos momentos para reflexionar en
silencio acerca de una o más de las siguientes preguntas:*

- ¿Cuál palabra o palabras en este pasaje captaron
  tu atención?
- ¿Qué parte en este pasaje te consoló?
- ¿Qué parte en este pasaje te desafió?

Si practicas la lectio divina *como familia o en un grupo, luego
del tiempo de reflexión, invita a los participantes a compartir
sus respuestas.*

Oración (*Oratio*)

Lee el pasaje de la Escritura una vez más. Dale al Señor la alabanza, petición y acción de gracias que la Palabra te ha inspirado.

Contemplación (*Contemplatio*)

Lee nuevamente el pasaje de la Escritura, seguida de esta reflexión:

 ¿Qué conversión de la mente, del corazón y de la vida me pide el Señor?

 Preparen el camino del Señor. ¿Cómo estoy preparando mi corazón para la venida de Cristo en Navidad? ¿Cómo puedo ayudar a acercar al Señor a las personas con quienes me encuentro?

 Enderecen sus senderos. ¿Qué cosas bloquean mi camino para seguir a Cristo? ¿De qué maneras he sido yo un obstáculo en el camino de otros?

Reconocían sus pecados y él los bautizaba en el Jordán. ¿Qué pecados se quedan sin reconocimiento en mi vida? ¿Cómo puedo evitar los pecados que me apartan de Dios?

Después de unos momentos de reflexión en silencio, todos recen la Oración del Señor y la siguiente:

Oración final

Escucharé las palabras del Señor,
palabras de paz para su pueblo santo.
Está ya cerca nuestra salvación
y la gloria del Señor habitará en la tierra.

La misericordia y la fidelidad se encontraron,
la justicia y la paz se besaron,
la fidelidad brotó en la tierra,
y la justicia vino del cielo.

Cuando el Señor nos muestre su bondad,
nuestra tierra producirá su fruto.
La justicia le abrirá camino al Señor
e irá siguiendo sus pisadas.

Del Salmo 84

Vivir la Palabra esta semana

¿Cómo puedo convertir mi vida en un don de caridad para los demás?

Haz planes para recibir el sacramento de la Penitencia antes de la Navidad.

8 DE DICIEMBRE 2020

Lectio Divina para la Solemnidad de la Inmaculada
Concepción de la Bienaventurada Virgen María

Empecemos nuestra oración:
En el nombre del Padre, y del Hijo, y del Espíritu Santo.
Amén.

Dios nuestro,
que por la Inmaculada Concepción de la Virgen María
preparaste una digna morada para tu Hijo
y, en previsión de la muerte redentora de Cristo,
la preservaste de toda mancha de pecado,
concédenos que, por su intercesión, nosotros también,
purificados de todas nuestras culpas, lleguemos hasta ti.
Por nuestro Señor Jesucristo, tu Hijo,
que vive y reina contigo en la unidad del Espíritu Santo
y es Dios por los siglos de los siglos.

> *Oración colecta, Solemnidad de la Inmaculada Concepción*

Lectura (*Lectio*)

Lee la siguiente Escritura dos o tres veces.

Lucas 1, 26-38

En aquel tiempo, el ángel Gabriel fue enviado por
Dios a una ciudad de Galilea, llamada Nazaret, a
una virgen desposada con un varón de la estirpe de
David, llamado José. La virgen se llamaba María.

Entró el ángel a donde ella estaba y le dijo: "Alégrate, llena de gracia, el Señor está contigo". Al oír estas palabras, ella se preocupó mucho y se preguntaba qué querría decir semejante saludo.

El ángel le dijo: "No temas, María, porque has hallado gracia ante Dios. Vas a concebir y a dar a luz un hijo y le pondrás por nombre Jesús. Él será grande y será llamado Hijo del Altísimo; el Señor Dios le dará el trono de David, su padre, y él reinará sobre la casa de Jacob por los siglos y su reinado no tendrá fin".

María le dijo entonces al ángel: "¿Cómo podrá ser esto, puesto que yo permanezco virgen?" El ángel le contestó: "El Espíritu Santo descenderá sobre ti y el poder del Altísimo te cubrirá con su sombra. Por eso, el Santo, que va a nacer de ti, será llamado Hijo de Dios. Ahí tienes a tu parienta Isabel, que, a pesar de su vejez, ha concebido un hijo y ya va en el sexto mes la que llamaban estéril, porque no hay nada imposible para Dios". María contestó: "Yo soy la esclava del Señor; cúmplase en mí lo que me has dicho". Y el ángel se retiró de su presencia.

Meditación (*Meditatio*)

Después de la lectura, toma unos momentos para reflexionar en silencio acerca de una o más de las siguientes preguntas:

- ¿Cuál palabra o palabras en este pasaje captaron tu atención?
- ¿Qué parte en este pasaje te consoló?
- ¿Qué parte en este pasaje te desafió?

Si practicas la lectio divina *como familia o en un grupo, luego del tiempo de reflexión, invita a los participantes a compartir sus respuestas.*

Oración (*Oratio*)

Lee el pasaje de la Escritura una vez más. Dale al Señor la alabanza, petición y acción de gracias que la Palabra te ha inspirado.

Contemplación (*Contemplatio*)

Lee nuevamente el pasaje de la Escritura, seguida de esta reflexión:

 ¿Qué conversión de la mente, del corazón y de la vida me pide el Señor?

 "Alégrate, llena de gracia, el Señor está contigo". ¿En qué momentos de mi vida he sentido más fuertemente la presencia de Dios? ¿En qué momentos he tenido la oportunidad de acompañar a uno de mis hermanos o hermanas en Cristo en un momento de dolor o de alegría?

Ella se preocupó mucho. ¿En qué momentos he luchador con la Escritura o con la doctrina de la Iglesia? ¿Con qué recursos cuento para mantenerme cerca de la verdad?

Cúmplase en mí lo que me has dicho. ¿Soy dócil a las llamadas del Espíritu Santo? ¿Cómo puedo conformar mi corazón y mi mente a la santa voluntad de Dios?

Después de unos momentos de reflexión en silencio, todos recen la Oración del Señor y la siguiente:

Oración final

Cantemos al Señor un canto nuevo,
pues ha hecho maravillas:
Su diestra y su santo brazo
le han dado la victoria.

El Señor ha dado a conocer su victoria
y ha revelado a las naciones su justicia.

Una vez más ha demostrado Dios
su amor y su lealtad hacia Israel.

La tierra entera ha contemplado
la victoria de nuestro Dios.
Que todos los pueblos y naciones
aclamen con júbilo al Señor.

Del Salmo 97

Vivir la Palabra esta semana

¿Cómo puedo convertir mi vida en un don de caridad para los demás?

Desde ahora hasta la Navidad, pasa diez minutos al día leyendo y orando con las Escrituras.

13 DE DICIEMBRE 2020

Lectio Divina para la Tercera Semana de Adviento

Empecemos nuestra oración:
En el nombre del Padre, y del Hijo, y del Espíritu Santo.
Amén.

Atiende con piedad, Señor,
nuestras súplicas,
e ilumina las tinieblas de nuestro corazón
con la gracia de la visita de tu Hijo.
Él, que vive y reina contigo en la unidad del Espíritu Santo
y es Dios por los siglos de los siglos.

Oración colecta, Lunes de la III semana de Adviento

Lectura (*Lectio*)

Lee la siguiente Escritura dos o tres veces.

Juan 1, 6-8. 19-28

Hubo un hombre enviado por Dios, que se llamaba Juan. Éste vino como testigo, para dar testimonio de la luz, para que todos creyeran por medio de él. Él no era la luz, sino testigo de la luz.

Éste es el testimonio que dio Juan el Bautista, cuando los judíos enviaron desde Jerusalén a unos sacerdotes y levitas para preguntarle: "¿Quién eres tú?" Él reconoció y no negó quién era. Él afirmó: "Yo no soy el

Mesías". De nuevo le preguntaron: "¿Quién eres, pues? ¿Eres Elías?" Él les respondió: "No lo soy". "¿Eres el profeta?" Respondió: "No". Le dijeron: "Entonces dinos quién eres, para poder llevar una respuesta a los que nos enviaron. ¿Qué dices de ti mismo?" Juan les contestó: *"Yo soy la voz que grita en el desierto: 'Enderecen el camino del Señor', como anunció el profeta Isaías".*

Los enviados, que pertenecían a la secta de los fariseos, le preguntaron: "Entonces ¿por qué bautizas, si no eres el Mesías, ni Elías, ni el profeta?" Juan les respondió: "Yo bautizo con agua, pero en medio de ustedes hay uno, al que ustedes no conocen, alguien que viene detrás de mí, a quien yo no soy digno de desatarle las correas de sus sandalias".

Esto sucedió en Betania, en la otra orilla del Jordán, donde Juan bautizaba.

Meditación (*Meditatio*)

Después de la lectura, toma unos momentos para reflexionar en silencio acerca de una o más de las siguientes preguntas:

- ¿Cuál palabra o palabras en este pasaje captaron tu atención?
- ¿Qué parte en este pasaje te consoló?
- ¿Qué parte en este pasaje te desafió?

Si practicas la lectio divina *como familia o en un grupo, luego del tiempo de reflexión, invita a los participantes a compartir sus respuestas.*

Oración (*Oratio*)

Lee el pasaje de la Escritura una vez más. Dale al Señor la alabanza, petición y acción de gracias que la Palabra te ha inspirado.

Contemplación (*Contemplatio*)

Lee nuevamente el pasaje de la Escritura, seguida de esta reflexión:

 ¿Qué conversión de la mente, del corazón y de la vida me pide el Señor?

 Éste vino como testigo, para dar testimonio de la luz, para que todos creyeran por medio de él. ¿Cómo comparto mi fe con las personas de mi alrededor? ¿Qué cosas me detienen para compartir mi fe?

 Yo soy la voz que grita en el desierto. ¿En qué momentos han parecido inútiles mis esfuerzos

de compartir mi fe? ¿Cómo me apoya Dios
cuando me desanimo?

 *En medio de ustedes hay uno, al que ustedes no
conocen. ¿En qué momentos he encontrado a
Jesús disfrazado? ¿En qué momentos no he
reconocido a Jesús en mi vida?*

*Después de unos momentos de reflexión en silencio, todos recen la
Oración del Señor y la siguiente:*

Oración final

Mi alma glorifica al Señor
y mi espíritu se llena de júbilo en Dios, mi salvador,
porque puso los ojos en la humildad de su esclava.

Desde ahora me llamarán dichosa todas las generaciones,
porque ha hecho en mí grandes cosas
el que todo lo puede.
Santo es su nombre y su misericordia llega,
de generación en generación, a los que lo temen.

A los hambrientos los colmó de bienes
y a los ricos los despidió sin nada.
Acordándose de su misericordia,
vino en ayuda de Israel, su siervo.

De Lucas 1

Vivir la Palabra esta semana

¿Cómo puedo convertir mi vida en un don de caridad para los demás?

Lee *Discípulos llamados a ser testigos (http://www.usccb.org/beliefs-and-teachings/how-we-teach/new-evangelization/disciples-called-to-witness/upload/DCW-Spanish.pdf*) y haz el compromiso de compartir tu fe con aquellos con quienes te encuentres.

20 DE DICIEMBRE 2020

Lectio Divina para la Cuarta Semana de Adviento

Empecemos nuestra oración:
En el nombre del Padre, y del Hijo, y del Espíritu Santo.
Amén.

Escucha benignamente, Señor,
las súplicas de tu pueblo,
para que, así como ahora nos llena de alegría
la venida de tu Unigénito en nuestra carne,
así también, cuando llegue revestido de majestad,
consigamos la recompensa de la vida eterna.
Por nuestro Señor Jesucristo, tu Hijo,
que vive y reina contigo en la unidad del Espíritu Santo
y es Dios por los siglos de los siglos.

Oración colecta, 21 de diciembre

Lectura (*Lectio*)

Lee la siguiente Escritura dos o tres veces.

Lucas 1, 26-38

En aquel tiempo, el ángel Gabriel fue enviado por Dios a una ciudad de Galilea, llamada Nazaret, a una virgen desposada con un varón de la estirpe de David, llamado José. La virgen se llamaba María.

Entró el ángel a donde ella estaba y le dijo: "Alégrate,

llena de gracia, el Señor está contigo". Al oír estas palabras, ella se preocupó mucho y se preguntaba qué querría decir semejante saludo.

El ángel le dijo: "No temas, María, porque has hallado gracia ante Dios. Vas a concebir y a dar a luz un hijo y le pondrás por nombre Jesús. Él será grande y será llamado Hijo del Altísimo; el Señor Dios le dará el trono de David, su padre, y él reinará sobre la casa de Jacob por los siglos y su reinado no tendrá fin".

María le dijo entonces al ángel: "¿Cómo podrá ser esto, puesto que yo permanezco virgen?" El ángel le contestó: "El Espíritu Santo descenderá sobre ti y el poder del Altísimo te cubrirá con su sombra. Por eso, el Santo, que va a nacer de ti, será llamado Hijo de Dios. Ahí tienes a tu parienta Isabel, que, a pesar de su vejez, ha concebido un hijo y ya va en el sexto mes la que llamaban estéril, porque no hay nada imposible para Dios". María contestó: "Yo soy la esclava del Señor; cúmplase en mí lo que me has dicho". Y el ángel se retiró de su presencia.

Meditación (*Meditatio*)

Después de la lectura, toma unos momentos para reflexionar en silencio acerca de una o más de las siguientes preguntas:

- ¿Cuál palabra o palabras en este pasaje captaron tu atención?
- ¿Qué parte en este pasaje te consoló?
- ¿Qué parte en este pasaje te desafió?

Si practicas la lectio divina *como familia o en un grupo, luego*

del tiempo de reflexión, invita a los participantes a compartir
sus respuestas.

Oración (*Oratio*)

Lee el pasaje de la Escritura una vez más. Dale al Señor la alabanza,
petición y acción de gracias que la Palabra te ha inspirado.

Contemplación (*Contemplatio*)

Lee nuevamente el pasaje de la Escritura, seguida de esta reflexión:

 ¿Qué conversión de la mente, del corazón y de la
vida me pide el Señor?

 No temas. ¿Qué temores me impiden vivir según
la voluntad de Dios? ¿Cómo me puede ayudar
mi fe a superar esos temores?

Porque has hallado gracia ante Dios. ¿En qué momentos he encontrado la gracia de Dios en mi vida? ¿Cómo he respondido a esa gracia?

Por eso, el Santo, que va a nacer de ti. ¿Cómo reconozco la santidad de Dios? ¿Cómo vivo mi llamada cristiana a la santidad?

Después de unos momentos de reflexión en silencio, todos recen la Oración del Señor y la siguiente:

Oración final

Proclamaré sin cesar la misericordia del Señor
y daré a conocer que su fidelidad es eterna,
pues el Señor ha dicho: "Mi amor es para siempre
y mi lealtad, más firme que los cielos.

Un juramento hice a David, mi servidor,
una alianza pacté con mi elegido:
'Consolidaré tu dinastía para siempre
y afianzaré tu trono eternamente'.

Él me podrá decir: 'Tú eres mi padre,
el Dios que me protege y que me salva'.
Yo jamás le retiraré mi amor,
ni violaré el juramento que le hice".

Del Salmo 88

Vivir la Palabra esta semana

¿Cómo puedo convertir mi vida en un don de caridad para los demás?

Si te es posible, en esta semana pasa algún tiempo en oración ante el Santísimo Sacramento.

25 DE DICIEMBRE 2021

Lectio Divina para la Solemnidad de la Natividad del Señor

Empecemos nuestra oración:
En el nombre del Padre, y del Hijo, y del Espíritu Santo.
Amén.

Señor Dios, que de manera admirable
creaste la naturaleza humana
y, de modo aún más admirable, la restauraste,
concédenos compartir la divinidad
de aquel que se dignó compartir nuestra humanidad.
Él, que vive y reina contigo en la unidad del Espíritu Santo
y es Dios por los siglos de los siglos.

Oración colecta, Natividad, Misa del día

Lectura (*Lectio*)

Lee la siguiente Escritura dos o tres veces.

Juan 1, 1-5. 9-14

En el principio ya existía aquel que es la Palabra,
y aquel que es la Palabra estaba con Dios y
era Dios.
Ya en el principio él estaba con Dios.
Todas las cosas vinieron a la existencia por él
y sin él nada empezó de cuanto existe.
Él era la vida, y la vida era la luz de los hombres.

La luz brilla en las tinieblas
y las tinieblas no la recibieron.

Aquel que es la Palabra era la luz verdadera,
que ilumina a todo hombre que viene a este mundo.
En el mundo estaba;
el mundo había sido hecho por él
y, sin embargo, el mundo no lo conoció.

Vino a los suyos y los suyos no lo recibieron;
pero a todos los que lo recibieron
les concedió poder llegar a ser hijos de Dios,
a los que creen en su nombre,
los cuales no nacieron de la sangre,
ni del deseo de la carne, ni por voluntad del hombre,
sino que nacieron de Dios.

Y aquel que es la Palabra se hizo hombre
y habitó entre nosotros.
Hemos visto su gloria,
gloria que le corresponde como a unigénito del Padre,
lleno de gracia y de verdad.

Meditación (*Meditatio*)

*Después de la lectura, toma unos momentos para reflexionar en
silencio acerca de una o más de las siguientes preguntas:*

- ¿Cuál palabra o palabras en este pasaje captaron
  tu atención?
- ¿Qué parte en este pasaje te consoló?
- ¿Qué parte en este pasaje te desafió?

Si practicas la lectio divina *como familia o en un grupo, luego
del tiempo de reflexión, invita a los participantes a compartir
sus respuestas.*

Oración (*Oratio*)

Lee el pasaje de la Escritura una vez más. Dale al Señor la alabanza, petición y acción de gracias que la Palabra te ha inspirado.

Contemplación (*Contemplatio*)

Lee nuevamente el pasaje de la Escritura, seguida de esta reflexión:

 ¿Qué conversión de la mente, del corazón y de la vida me pide el Señor?

 Todas las cosas vinieron a la existencia por él. ¿Recibo todo lo que tengo como don de Dios? ¿Cómo muestro mi gratitud por los dones de Dios?

 La luz brilla en las tinieblas/ y las tinieblas no la recibieron. ¿Cómo puedo compartir la luz de Dios en mi vida? ¿Qué áreas de oscuridad en mi vida debo superar y para ello necesito la gracia de Dios?

 El mundo no lo conoció. ¿Cómo llegué a conocer a Dios? ¿Cómo puedo ayudar a otros a conocer a Dios?

Después de unos momentos de reflexión en silencio, todos recen la Oración del Señor y la siguiente:

Oración final

Cantemos al Señor un canto nuevo,
pues ha hecho maravillas.
Su diestra y su santo brazo
le han dado la victoria.

El Señor ha dado a conocer su victoria,
y ha revelado a las naciones su justicia.
Una vez más ha demostrado Dios
su amor y su lealtad hacia Israel.

La tierra entera ha contemplado
la victoria de nuestro Dios.
Que todos los pueblos y naciones
aclamen con júbilo al Señor.

Cantemos al Señor al son del arpa,
suenen los instrumentos.
Aclamemos al son de los clarines
al Señor, nuestro rey.

Del Salmo 97

Vivir la Palabra esta semana

¿Cómo puedo convertir mi vida en un don de caridad para los demás?

Dona alimentos, artículos del hogar o dinero a los necesitados a través de Caridades Católicas o la Sociedad de San Vicente de Paúl.

27 DE DICIEMBRE 2020

Lectio Divina para la Fiesta de la Sagrada Familia

Empecemos nuestra oración:
En el nombre del Padre, y del Hijo, y del Espíritu Santo.
Amén.

Señor Dios, que te dignaste dejarnos el más perfecto ejemplo
en la Sagrada Familia de tu Hijo,
concédenos benignamente
que, imitando sus virtudes domésticas y los lazos de caridad
   que la unió,
podamos gozar de la eterna recompensa en la alegría de
   tu casa.
Por nuestro Señor Jesucristo, tu Hijo,
que vive y reina contigo en la unidad del Espíritu Santo
y es Dios por los siglos de los siglos.

Oración colecta, Fiesta de la Sagrada Familia

Lectura (*Lectio*)

Lee la siguiente Escritura dos o tres veces.

Lucas 2, 22-40

Transcurrido el tiempo de la purificación de María,
según la ley de Moisés, ella y José llevaron al niño
a Jerusalén para presentarlo al Señor, de acuerdo con lo
escrito en la ley: *Todo primogénito varón será consagrado
al Señor,* y también para ofrecer, como dice la ley, *un par
de tórtolas o dos pichones.*

Vivía en Jerusalén un hombre llamado Simeón, varón justo y temeroso de Dios, que aguardaba el consuelo de Israel; en él moraba el Espíritu Santo, el cual le había revelado que no moriría sin haber visto antes al Mesías del Señor. Movido por el Espíritu, fue al templo, y cuando José y María entraban con el niño Jesús para cumplir con lo prescrito por la ley, Simeón lo tomó en brazos y bendijo a Dios, diciendo:

"Señor, ya puedes dejar morir en paz a tu siervo,
según lo que me habías prometido,
porque mis ojos han visto a tu Salvador,
al que has preparado para bien de todos los pueblos;
luz que alumbra a las naciones
y gloria de tu pueblo, Israel".

El padre y la madre del niño estaban admirados de semejantes palabras. Simeón los bendijo, y a María, la madre de Jesús, le anunció: "Este niño ha sido puesto para ruina y resurgimiento de muchos en Israel, como signo que provocará contradicción, para que queden al descubierto los pensamientos de todos los corazones. Y a ti, una espada te atravesará el alma".

Había también una profetisa, Ana, hija de Fanuel, de la tribu de Aser. Era una mujer muy anciana. De joven, había vivido siete años casada y tenía ya ochenta y cuatro años de edad. No se apartaba del templo ni de día ni de noche, sirviendo a Dios con ayunos y oraciones. Ana se acercó en aquel momento, dando gracias a Dios y hablando del niño a todos los que aguardaban la liberación de Israel.

Y cuando cumplieron todo lo que prescribía la ley del Señor, se volvieron a Galilea, a su ciudad de Nazaret.

El niño iba creciendo y fortaleciéndose, se llenaba de sabiduría y la gracia de Dios estaba con él.

Meditación (*Meditatio*)

Después de la lectura, toma unos momentos para reflexionar en silencio acerca de una o más de las siguientes preguntas:

- ¿Cuál palabra o palabras en este pasaje captaron tu atención?
- ¿Qué parte en este pasaje te consoló?
- ¿Qué parte en este pasaje te desafió?

Si practicas la lectio divina *como familia o en un grupo, luego del tiempo de reflexión, invita a los participantes a compartir sus respuestas.*

Oración (*Oratio*)

Lee el pasaje de la Escritura una vez más. Dale al Señor la alabanza, petición y acción de gracias que la Palabra te ha inspirado.

Contemplación (*Contemplatio*)

Lee nuevamente el pasaje de la Escritura, seguida de esta reflexión:

 ¿Qué conversión de la mente, del corazón y de la vida me pide el Señor?

Movido por el Espíritu, fue al templo. ¿Cómo puedo preparar mi mente y mi corazón para participar en la liturgia eucarística? ¿Cómo puedo hacer mi participación en la misa una parte más central de mi vida de fe?

Signo que provocará contradicción. ¿De qué maneras desafía mi fe los valores que veo en el mundo de mi alrededor? ¿Cómo puedo fortalecerme en mi capacidad de seguir a Jesús en lugar de seguir al mundo?

Y cuando cumplieron todo lo que prescribía la ley del Señor. ¿De qué maneras lucho por conformar mi vida al plan de Dios? ¿Qué gracias necesito para seguir más cercanamente a Dios?

Oración final

Aclamen al Señor y denle gracias,
relaten sus prodigios a los pueblos.
Entonen en su honor himnos y cantos,
celebren sus portentos.

Del nombre del Señor enorgullézcanse
y siéntase feliz el que lo busca.
Recurran al Señor y a su poder
y a su presencia acudan.

Recuerden los prodigios que él ha hecho,
sus portentos y oráculos,
descendientes de Abraham, su servidor,
estirpe de Jacob, su predilecto.

Ni aunque transcurran mil generaciones,
se olvidará el Señor de sus promesas,
de la alianza pactada con Abraham,
del juramento a Isaac, que un día le hiciera.

Del Salmo 104

Vivir la Palabra esta semana

*¿Cómo puedo convertir mi vida en un don de caridad para los
demás?*

La próxima vez que asistas a Misa, concéntrate en prestar atención a las oraciones y acciones de la Misa, participando física y espiritualmente.

1° DE ENERO 2021

Lectio Divina para la Solemnidad de María Santísima,
Madre de Dios

Empecemos nuestra oración:
En el nombre del Padre, y del Hijo, y del Espíritu Santo.
Amén.

Dios eterno, principio de todo lo creado,
concédenos durante este año, que desde hoy te dedicamos,
no carecer de lo necesario para la vida
y dar testimonio de ti con nuestras buenas obras.
Por nuestro Señor Jesucristo, tu Hijo,
que vive y reina contigo en la unidad del Espíritu Santo
y es Dios por los siglos de los siglos.

Oración colecta, Misa al Comienzo del Año Civil

Lectura (*Lectio*)

Lee la siguiente Escritura dos o tres veces.

Lucas 2, 16-21

En aquel tiempo, los pastores fueron a toda prisa
hacia Belén y encontraron a María, a José y al niño,
recostado en el pesebre. Después de verlo, contaron lo
que se les había dicho de aquel niño, y cuantos los oían
quedaban maravillados. María, por su parte, guardaba
todas estas cosas y las meditaba en su corazón.

Los pastores se volvieron a sus campos, alabando y glorificando a Dios por todo cuanto habían visto y oído, según lo que se les había anunciado.

Cumplidos los ocho días, circuncidaron al niño y le pusieron el nombre de Jesús, aquel mismo que había dicho el ángel, antes de que el niño fuera concebido.

Meditación (*Meditatio*)

Después de la lectura, toma unos momentos para reflexionar en silencio acerca de una o más de las siguientes preguntas:

- ¿Cuál palabra o palabras en este pasaje captaron tu atención?
- ¿Qué parte en este pasaje te consoló?
- ¿Qué parte en este pasaje te desafió?

Si practicas la lectio divina *como familia o en un grupo, luego del tiempo de reflexión, invita a los participantes a compartir sus respuestas.*

Oración (*Oratio*)

Lee el pasaje de la Escritura una vez más. Dale al Señor la alabanza, petición y acción de gracias que la Palabra te ha inspirado.

Contemplación (*Contemplatio*)

Lee nuevamente el pasaje de la Escritura, seguida de esta reflexión:

 ¿Qué conversión de la mente, del corazón y de la vida me pide el Señor?

Los pastores fueron a toda prisa hacia Belén. ¿Me apresuro a ir al encuentro del Señor o paso de largo delante de él? ¿Qué me impide buscar al Señor y pasar más tiempo con él?

Cuantos los oían quedaban maravillados. ¿En qué momentos he sentido asombro ante la obra de Dios en mi vida? ¿En qué momentos me he estremecido ante el poder y la majestad de Dios?

María, por su parte, guardaba todas estas cosas y las meditaba en su corazón. ¿Qué distracciones me impiden reflexionar sobre la palabra de Dios? ¿Qué lugares cerca de mí conducen mejor a una oración en silencio?

Después de unos momentos de reflexión en silencio, todos recen la Oración del Señor y la siguiente:

Oración final

Ten piedad de nosotros, y bendícenos;
vuelve, Señor, tus ojos a nosotros.
Que conozca la tierra tu bondad
y los pueblos tu obra salvadora.

Las naciones con júbilo te canten,
porque juzgas al mundo con justicia;
con equidad tú juzgas a los pueblos
y riges en la tierra a las naciones.

Que te alaben, Señor, todos los pueblos,
que los pueblos te aclamen todos juntos.
Que nos bendiga Dios
y que le rinda honor el mundo entero.

Del Salmo 66

Vivir la Palabra esta semana

¿Cómo puedo convertir mi vida en un don de caridad para los demás?

Toma la decisión de pasar más tiempo en oración esta semana—asistiendo a la Misa diaria, visitando el Santísimo Sacramento, leyendo la Escritura, orando con la familia, o en meditación en silencio.

3 DE ENERO 2021

Lectio Divina para la Solemnidad de la Epifanía del Señor

Empecemos nuestra oración:
En el nombre del Padre, y del Hijo, y del Espíritu Santo.
Amén.

Dios todopoderoso y eterno,
que, por medio de tu Unigénito
nos convertiste en una nueva creatura,
concédenos que, por tu gracia,
seamos transformados a semejanza de aquel
que se dignó compartir nuestra humanidad.
Él, que vive y reina contigo en la unidad del Espíritu Santo
y es Dios por los siglos de los siglos.

Oración colecta, Sábado después de la Epifanía

Lectura (*Lectio*)

Lee la siguiente Escritura dos o tres veces.

Mateo 2, 1-12

Jesús nació en Belén de Judá, en tiempos del rey Herodes. Unos magos de oriente llegaron entonces a Jerusalén y preguntaron: "¿Dónde está el rey de los judíos que acaba de nacer? Porque vimos surgir su estrella y hemos venido a adorarlo".

Al enterarse de esto, el rey Herodes se sobresaltó y

toda Jerusalén con él. Convocó entonces a los sumos sacerdotes y a los escribas del pueblo y les preguntó dónde tenía que nacer el Mesías. Ellos le contestaron: "En Belén de Judá, porque así lo ha escrito el profeta: *Y tú, Belén, tierra de Judá, no eres en manera alguna la menor entre las ciudades ilustres de Judá, pues de ti saldrá un jefe, que será el pastor de mi pueblo, Israel*".

Entonces Herodes llamó en secreto a los magos, para que le precisaran el tiempo en que se les había aparecido la estrella y los mandó a Belén, diciéndoles: "Vayan a averiguar cuidadosamente qué hay de ese niño y, cuando lo encuentren, avísenme para que yo también vaya a adorarlo".

Después de oír al rey, los magos se pusieron en camino, y de pronto la estrella que habían visto surgir, comenzó a guiarlos, hasta que se detuvo encima de donde estaba el niño. Al ver de nuevo la estrella, se llenaron de inmensa alegría. Entraron en la casa y vieron al niño con María, su madre, y postrándose, lo adoraron. Después, abriendo sus cofres, le ofrecieron regalos: oro, incienso y mirra. Advertidos durante el sueño de que no volvieran a Herodes, regresaron a su tierra por otro camino.

Meditación (*Meditatio*)

Después de la lectura, toma unos momentos para reflexionar en silencio acerca de una o más de las siguientes preguntas:

- ¿Cuál palabra o palabras en este pasaje captaron tu atención?
- ¿Qué parte en este pasaje te consoló?

- ¿Qué parte en este pasaje te desafió?

Si practicas la lectio divina como familia o en un grupo, luego del tiempo de reflexión, invita a los participantes a compartir sus respuestas.

Oración (*Oratio*)

Lee el pasaje de la Escritura una vez más. Dale al Señor la alabanza, petición y acción de gracias que la Palabra te ha inspirado.

Contemplación (*Contemplatio*)

Lee nuevamente el pasaje de la Escritura, seguida de esta reflexión:

 ¿Qué conversión de la mente, del corazón y de la vida me pide el Señor?

 Cuando lo encuentren, avísenme para que yo también vaya a adorarlo. ¿Quién fue la primera persona que compartió su conocimiento de Cristo conmigo? ¿Con quién he compartido yo a Cristo?

Después, abriendo sus cofres, le ofrecieron regalos: oro, incienso y mirra. ¿Qué dones tengo para ofrecer al Señor? ¿Cómo puedo poner esos dones al servicio de Dios y de su pueblo?

Advertidos durante el sueño de que no volvieran a Herodes, regresaron a su tierra por otro camino. ¿Qué personas, lugares o cosas me apartan del Señor? ¿Cómo puedo encontrar otro camino para poder evitar esas cosas?

Después de unos momentos de reflexión en silencio, todos recen la Oración del Señor y la siguiente:

Oración final

Comunica, Señor, al rey tu juicio
y tu justicia, al que es hijo de reyes;
así tu siervo saldrá en defensa de tus pobres
y regirá a tu pueblo justamente.

Florecerá en sus días la justicia
y reinará la paz, era tras era.
De mar a mar se extenderá su reino
y de un extremo al otro de la tierra.

Los reyes de occidente y de las islas
le ofrecerán sus dones.
Ante él se postrarán todos los reyes
y todas las naciones.

Al débil librará del poderoso
y ayudará al que se encuentra sin amparo;
se apiadará del desvalido y del pobre
y salvará la vida al desdichado.

Del Salmo 71

Vivir la Palabra esta semana

¿Cómo puedo convertir mi vida en un don de caridad para los demás?

Investiga las oportunidades de voluntariado disponibles en tu parroquia y encuentra un modo de compartir tus dones.

10 DE ENERO 2021

Lectio Divina para la Fiesta del Bautismo del Señor

Empecemos nuestra oración:
En el nombre del Padre, y del Hijo, y del Espíritu Santo.
Amén.

Dios todopoderoso y eterno,
que proclamaste solemnemente a Jesucristo como tu Hijo
    muy amado,
cuando, al ser bautizado en el Jordán,
descendió el Espíritu Santo sobre él,
concede a tus hijos de adopción,
renacidos del agua y del Espíritu Santo,
que se conserven siempre dignos de tu complacencia.
Por nuestro Señor Jesucristo, tu Hijo,
que vive y reina contigo en la unidad del Espíritu Santo
y es Dios por los siglos de los siglos.

Oración colecta, Fiesta del Bautismo del Señor

Lectura (*Lectio*)

Lee la siguiente Escritura dos o tres veces.

Marcos 1, 7-11

En aquel tiempo, Juan predicaba diciendo: "Ya viene detrás de mí uno que es más poderoso que yo, uno ante quien no merezco ni siquiera inclinarme para desatarle la correa de sus sandalias. Yo los he bautizado a ustedes con agua, pero él los bautizará con el Espíritu Santo".

Por esos días, vino Jesús desde Nazaret de Galilea y fue bautizado por Juan en el Jordán. Al salir Jesús del agua, vio que los cielos se rasgaban y que el Espíritu, en figura de paloma, descendía sobre él. Se oyó entonces una voz del cielo que decía: "Tú eres mi Hijo amado; yo tengo en ti mis complacencias".

Meditación (*Meditatio*)

Después de la lectura, toma unos momentos para reflexionar en silencio acerca de una o más de las siguientes preguntas:

- ¿Cuál palabra o palabras en este pasaje captaron tu atención?
- ¿Qué parte en este pasaje te consoló?
- ¿Qué parte en este pasaje te desafió?

Si practicas la lectio divina *como familia o en un grupo, luego del tiempo de reflexión, invita a los participantes a compartir sus respuestas.*

Oración (*Oratio*)

Lee el pasaje de la Escritura una vez más. Dale al Señor la alabanza, petición y acción de gracias que la Palabra te ha inspirado.

Contemplación (*Contemplatio*)

Lee nuevamente el pasaje de la Escritura, seguida de esta reflexión:

¿Qué conversión de la mente, del corazón y de la vida me pide el Señor?

 Ya viene detrás de mí uno que es más poderoso que yo. ¿Con cuánta frecuencia trato de apoyarme en mi propia fuerza en lugar de en la de Dios? ¿Cómo puedo alimentar mi confianza en el poder de Dios?

 Uno ante quien no merezco ni siquiera inclinarme para desatarle la correa de sus sandalias. ¿De qué maneras se me llama a servir a Dios? ¿Cómo puedo crecer en humildad?

 Tú eres mi Hijo amado; yo tengo en ti mis complacencias. ¿En qué momentos me he sentido

más amado de Dios? ¿Cómo puedo hacer de mi
vida un sacrificio más agradable a Dios?

*Después de unos momentos de reflexión en silencio, todos recen la
Oración del Señor y la siguiente:*

Oración final

El Señor es mi Dios y salvador,
con él estoy seguro y nada temo.
El Señor es mi protección y mi fuerza
y ha sido mi salvación.
Sacarán agua con gozo
de la fuente de salvación.

Den gracias al Señor,
invoquen su nombre,
cuenten a los pueblos sus hazañas,
proclamen que su nombre es sublime.

Alaben al Señor por sus proezas,
anúncienlas a toda la tierra.
Griten jubilosos, habitantes de Sión,
porque el Dios de Israel
ha sido grande con ustedes.

De Isaías 12

Vivir la Palabra esta semana

¿Cómo puedo convertir mi vida en un don de caridad para los demás?

Recuerda tu Bautismo recitando el Credo de los Apóstoles: *http://ccc.usccb.org/flipbooks/uscca-spanish/index.html#594.*

17 DE ENERO 2021

Lectio Divina para la II Semana del Tiempo Ordinario

Empecemos nuestra oración:
En el nombre del Padre, y del Hijo, y del Espíritu Santo.
Amén.

Dios todopoderoso y eterno,
que gobiernas los cielos y la tierra,
escucha con amor las súplicas de tu pueblo
y haz que los días de nuestra vida
transcurran en tu paz.
Por nuestro Señor Jesucristo, tu Hijo,
que vive y reina contigo en la unidad del Espíritu Santo
y es Dios por los siglos de los siglos.

Oración colecta, II Domingo del Tiempo ordinario

Lectura (*Lectio*)

Lee la siguiente Escritura dos o tres veces.

Juan 1, 35-42

En aquel tiempo, estaba Juan el Bautista con dos de sus discípulos, y fijando los ojos en Jesús, que pasaba, dijo: "Éste es el Cordero de Dios". Los dos discípulos, al oír estas palabras, siguieron a Jesús. Él se volvió hacia ellos, y viendo que lo seguían, les preguntó: "¿Qué buscan?" Ellos le contestaron:

"¿Dónde vives, Rabí?" (Rabí significa 'maestro'). Él les dijo: "Vengan a ver".

Fueron, pues, vieron dónde vivía y se quedaron con él ese día. Eran como las cuatro de la tarde. Andrés, hermano de Simón Pedro, era uno de los dos que oyeron lo que Juan el Bautista decía y siguieron a Jesús. El primero a quien encontró Andrés, fue a su hermano Simón, y le dijo: "Hemos encontrado al Mesías" (que quiere decir 'el Ungido'). Lo llevó a donde estaba Jesús y éste, fijando en él la mirada, le dijo: "Tú eres Simón, hijo de Juan. Tú te llamarás Kefás" (que significa Pedro, es decir 'roca').

Meditación (*Meditatio*)

Después de la lectura, toma unos momentos para reflexionar en silencio acerca de una o más de las siguientes preguntas:

- ¿Cuál palabra o palabras en este pasaje captaron tu atención?
- ¿Qué parte en este pasaje te consoló?
- ¿Qué parte en este pasaje te desafió?

Si practicas la lectio divina como familia o en un grupo, luego del tiempo de reflexión, invita a los participantes a compartir sus respuestas.

Oración (*Oratio*)

Lee el pasaje de la Escritura una vez más. Dale al Señor la alabanza, petición y acción de gracias que la Palabra te ha inspirado.

Contemplación (*Contemplatio*)

Lee nuevamente el pasaje de la Escritura, seguida de esta reflexión:

 ¿Qué conversión de la mente, del corazón y de la vida me pide el Señor?

 Los dos discípulos, al oír estas palabras, siguieron a Jesús. ¿De qué maneras he escuchado la voz del Señor? ¿Cómo puedo seguir a Jesús más de cerca?

 ¿Qué buscan? ¿Qué estoy buscando? ¿Busco las cosas que de verdad importan?

Vengan a ver. ¿Cómo puedo responder de todo corazón a la invitación del Señor? ¿Cómo puedo extender esa invitación a los demás?

Después de unos momentos de reflexión en silencio, todos recen la Oración del Señor y la siguiente:

Oración final

Esperé en el Señor con gran confianza;
él se inclinó hacia mí y escuchó mis plegarias.
Él me puso en la boca un canto nuevo,
un himno a nuestro Dios.

Sacrificios y ofrendas no quisiste,
abriste, en cambio, mis oídos a tu voz.
No exigiste holocaustos por la culpa,
así que dije: "Aquí estoy".

En tus libros se me ordena
hacer tu voluntad;
esto es Señor, lo que deseo
tu ley en medio de mi corazón.

He anunciado tu justicia
en la gran asamblea;

no he cerrado mis labios:
tú lo sabes, Señor.

Del Salmo 39

Vivir la Palabra esta semana

¿Cómo puedo convertir mi vida en un don de caridad para los demás?

Entra en contacto con el comité pro-vida de tu parroquia o diócesis para averiguar cómo puedes apoyar una cultura de la vida desde la concepción hasta la muerte natural.

24 DE ENERO 2021

Lectio Divina para la III Semana del Tiempo Ordinario

Empecemos nuestra oración:
En el nombre del Padre, y del Hijo, y del Espíritu Santo.
Amén.

Dios todopoderoso y eterno, dirige nuestros pasos
de manera que podamos agradarte en todo
y así merezcamos, en nombre de tu Hijo amado,
abundar en toda clase de obras buenas.
Por nuestro Señor Jesucristo, tu Hijo,
que vive y reina contigo en la unidad del Espíritu Santo
y es Dios por los siglos de los siglos.

Oración colecta, III Domingo del Tiempo ordinario

Lectura (*Lectio*)

Lee la siguiente Escritura dos o tres veces.

Marcos 1, 14-20

Después de que arrestaron a Juan el Bautista, Jesús se fue a Galilea para predicar el Evangelio de Dios y decía: "Se ha cumplido el tiempo y el Reino de Dios ya está cerca. Arrepiéntanse y crean en el Evangelio".

Caminaba Jesús por la orilla del lago de Galilea, cuando vio a Simón y a su hermano, Andrés, echando las redes en el lago, pues eran pescadores. Jesús les dijo: "Síganme y haré de ustedes pescadores de hombres". Inmediatamente dejaron las redes y lo siguieron.

Un poco más adelante, vio a Santiago y a Juan, hijos de Zebedeo, que estaban en una barca, remendando sus redes. Los llamó, y ellos, dejando en la barca a su padre con los trabajadores, se fueron con Jesús.

Meditación (*Meditatio*)

Después de la lectura, toma unos momentos para reflexionar en silencio acerca de una o más de las siguientes preguntas:

- ¿Cuál palabra o palabras en este pasaje captaron tu atención?
- ¿Qué parte en este pasaje te consoló?
- ¿Qué parte en este pasaje te desafió?

Si practicas la lectio divina *como familia o en un grupo, luego del tiempo de reflexión, invita a los participantes a compartir sus respuestas.*

Oración (*Oratio*)

Lee el pasaje de la Escritura una vez más. Dale al Señor la alabanza, petición y acción de gracias que la Palabra te ha inspirado.

Contemplación (*Contemplatio*)

Lee nuevamente el pasaje de la Escritura, seguida de esta reflexión:

¿Qué conversión de la mente, del corazón y de la vida me pide el Señor?

Jesús se fue a Galilea para predicar el Evangelio de Dios. ¿Cómo proclamo el evangelio de Dios con mis palabras y acciones? ¿Cómo puede ser más auténtica mi proclamación?

Arrepiéntanse y crean en el Evangelio. ¿Cómo puedo alimentar un espíritu de verdadero arrepentimiento? ¿Cómo puedo aumentar mi confianza en la misericordia de Dios?

Inmediatamente dejaron las redes y lo siguieron. ¿A qué estoy dispuesto a renunciar por el

Señor? ¿Qué me impide seguir al Señor de
todo corazón?

*Después de unos momentos de reflexión en silencio, todos recen la
Oración del Señor y la siguiente:*

Oración final

Descúbrenos, Señor, tus caminos,
guíanos con la verdad de su doctrina.
Tú eres nuestro Dios y salvador
y tenemos en ti nuestra esperanza.

Acuérdate, Señor, que son eternos
tu amor y tu ternura.
Según ese amor y esa ternura,
acuérdate de nosotros.

Porque el Señor es recto y bondadoso,
indica a los pecadores el sendero,
guía por la senda recta a los humildes
y descubre a los pobres sus caminos.

Del Salmo 24

Vivir la Palabra esta semana

¿Cómo puedo convertir mi vida en un don de caridad para los demás?

Ora por los hombres y mujeres en tu diócesis que están discerniendo vocaciones al sacerdocio, el diaconado y la vida consagrada.

31 DE ENERO 2021

Lectio Divina para la IV Semana del Tiempo Ordinario

Empecemos nuestra oración:
En el nombre del Padre, y del Hijo, y del Espíritu Santo.
Amén.

Concédenos, Señor Dios nuestro,
adorarte con toda el alma
y amar a todos los hombres con afecto espiritual.
Por nuestro Señor Jesucristo, tu Hijo,
que vive y reina contigo en la unidad del Espíritu Santo
y es Dios por los siglos de los siglos.

Oración colecta, IV Domingo del Tiempo ordinario

Lectura (*Lectio*)

Lee la siguiente Escritura dos o tres veces.

Marcos 1, 21-28

En aquel tiempo, se hallaba Jesús a Cafarnaúm y el sábado siguiente fue a la sinagoga y se puso a enseñar. Los oyentes quedaron asombrados de sus palabras, pues enseñaba como quien tiene autoridad y no como los escribas.

Había en la sinagoga un hombre poseído por un espíritu inmundo, que se puso a gritar: "¿Qué quieres tú con nosotros, Jesús de Nazaret? ¿Has venido a acabar con nosotros? Ya sé quién eres: el Santo de Dios". Jesús le ordenó: "¡Cállate y sal de él!" El espíritu inmundo, sacudiendo al hombre con violencia y dando un alarido, salió de él. Todos quedaron estupefactos y se preguntaban: "¿Qué es esto? ¿Qué nueva doctrina es ésta? Este hombre tiene autoridad para mandar hasta a los espíritus inmundos y lo obedecen". Y muy pronto se extendió su fama por toda Galilea.

Meditación (*Meditatio*)

Después de la lectura, toma unos momentos para reflexionar en silencio acerca de una o más de las siguientes preguntas:

- ¿Cuál palabra o palabras en este pasaje captaron tu atención?
- ¿Qué parte en este pasaje te consoló?
- ¿Qué parte en este pasaje te desafió?

Si practicas la lectio divina como familia o en un grupo, luego del tiempo de reflexión, invita a los participantes a compartir sus respuestas.

Oración (*Oratio*)

Lee el pasaje de la Escritura una vez más. Dale al Señor la alabanza, petición y acción de gracias que la Palabra te ha inspirado.

Contemplación (*Contemplatio*)

Lee nuevamente el pasaje de la Escritura, seguida de esta reflexión:

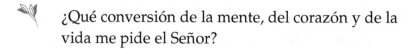

¿Qué conversión de la mente, del corazón y de la vida me pide el Señor?

El sábado siguiente fue a la sinagoga y se puso a enseñar. ¿Cómo santifico el día del Señor y lo mantengo libre de trabajos innecesarios? ¿Cómo puedo mantener la Misa y los sacramentos como prioridad en mi vida?

Ya sé quién eres: el Santo de Dios. ¿Cómo crezco en mi conocimiento del Señor? ¿Cómo puedo acompañar a otros en su camino hacia el conocimiento de Jesús?

¿Qué es esto? ¿Qué nueva doctrina es ésta? ¿Qué recursos están disponibles que me puedan

ayudar a conocer mejor lo que enseña la Iglesia? ¿Cuál es mi respuesta adecuada a la autoridad?

Después de unos momentos de reflexión en silencio, todos recen la Oración del Señor y la siguiente:

Oración final

Vengan, lancemos vivas al Señor,
aclamemos al Dios que nos salva.
Acerquémonos a él, llenos de júbilo,
y démosle gracias.

Vengan, y puestos de rodillas,
adoremos y bendigamos al Señor, que nos hizo,
pues él es nuestro Dios y nosotros, su pueblo;
él es nuestro pastor y nosotros, sus ovejas.

Hagámosle casa al Señor, que nos dice:
"No endurezcan su corazón,
como el día de la rebelión en el desierto,
cuando sus padres dudaron de mí,
aunque habían visto mis obras".

Del Salmo 94

Vivir la Palabra esta semana

¿Cómo puedo convertir mi vida en un don de caridad para los demás?

Comprométete a aprender más sobre tu fe asistiendo a una clase en tu parroquia o diócesis o leyendo buenos libros católicos.

7 DE FEBRERO 2021

Lectio Divina para la V Semana del Tiempo Ordinario

Empecemos nuestra oración:
En el nombre del Padre, y del Hijo, y del Espíritu Santo.
Amén.

Te rogamos, Señor, que guardes con incesante amor
a tu familia santa,
que tiene puesto su apoyo sólo en tu gracia,
para que halle siempre en tu protección su fortaleza.
Por nuestro Señor Jesucristo, tu Hijo,
que vive y reina contigo en la unidad del Espíritu Santo
y es Dios por los siglos de los siglos.

Oración colecta, V Domingo del Tiempo ordinario

Lectura (*Lectio*)

Lee la siguiente Escritura dos o tres veces.

Marcos 1, 29-39

En aquel tiempo, al salir Jesús de la sinagoga, fue con Santiago y Juan a casa de Simón y Andrés. La suegra de Simón estaba en cama, con fiebre, y enseguida le avisaron a Jesús. Él se le acercó, y tomándola de la mano, la levantó. En ese momento se le quitó la fiebre y se puso a servirles.

Al atardecer, cuando el sol se ponía, le llevaron a todos los enfermos y poseídos del demonio, y todo el pueblo se apiñó junto a la puerta. Curó a muchos enfermos de diversos males y expulsó a muchos demonios, pero no dejó que los demonios hablaran, porque sabían quién era él.

De madrugada, cuando todavía estaba muy oscuro, Jesús se levantó, salió y se fue a un lugar solitario, donde se puso a orar. Simón y sus compañeros lo fueron a buscar, y al encontrarlo, le dijeron: "Todos te andan buscando". Él les dijo: "Vamos a los pueblos cercanos para predicar también allá el Evangelio, pues para eso he venido". Y recorrió toda Galilea, predicando en las sinagogas y expulsando a los demonios.

Meditación (*Meditatio*)

Después de la lectura, toma unos momentos para reflexionar en silencio acerca de una o más de las siguientes preguntas:

- ¿Cuál palabra o palabras en este pasaje captaron tu atención?
- ¿Qué parte en este pasaje te consoló?
- ¿Qué parte en este pasaje te desafió?

Si practicas la lectio divina *como familia o en un grupo, luego del tiempo de reflexión, invita a los participantes a compartir sus respuestas.*

Oración (*Oratio*)

Lee el pasaje de la Escritura una vez más. Dale al Señor la alabanza, petición y acción de gracias que la Palabra te ha inspirado.

Contemplación (*Contemplatio*)

Lee nuevamente el pasaje de la Escritura, seguida de esta reflexión:

 ¿Qué conversión de la mente, del corazón y de la vida me pide el Señor?

 Él se le acercó, y tomándola de la mano, la levantó. ¿Cómo puedo ayudar a elevar a otros? ¿Quién, de cerca de mí, tiene necesidad de apoyo?

 Jesús se levantó, salió y se fue a un lugar solitario, donde se puso a orar. ¿Qué cosas me distraen de la oración? ¿Cómo puedo acallar o eliminar esas distracciones?

Pues para eso he venido. ¿Con qué fin me está llamando Dios? ¿Cómo puedo discernir el propósito de mi vida?

Después de unos momentos de reflexión en silencio, todos recen la Oración del Señor y la siguiente:

Oración final

Alabemos al Señor, nuestro Dios,
porque es hermoso y justo el alabarlo.
El Señor ha reconstruido a Jerusalén,
y a los dispersos de Israel los ha reunido.

El Señor sana los corazones quebrantados,
y venda las heridas;
tiende su mano a los humildes
y humilla hasta el polvo a los malvados.

Él puede contar el número de estrellas
y llama a cada una por su nombre.
Grande es nuestro Dios, todos lo puede;
su sabiduría no tiene límites.

Del Salmo 146

Vivir la Palabra esta semana

¿Cómo puedo convertir mi vida en un don de caridad para los demás?

Ora por quienes están enfermos y por quienes proporcionan cuidados. Piensa en participar en el ministerio de tu parroquia a quienes están confinados en cada ofreciendo compañía, alimentos, o contactos frecuentes.

14 DE FEBRERO 2021

Lectio Divina para la VI Semana del Tiempo Ordinario

Empecemos nuestra oración:
En el nombre del Padre, y del Hijo, y del Espíritu Santo.
Amén.

Señor Dios, que prometiste poner tu morada
en los corazones rectos y sinceros,
concédenos, por tu gracia, vivir de tal manera
que te dignes habitar en nosotros.
Por nuestro Señor Jesucristo, tu Hijo,
que vive y reina contigo en la unidad del Espíritu Santo
y es Dios por los siglos de los siglos.

Oración colecta, VI Domingo del Tiempo ordinario

Lectura (*Lectio*)

Lee la siguiente Escritura dos o tres veces.

Marcos 1, 40-45

En aquel tiempo, se le acercó a Jesús un leproso para suplicarle de rodillas: "Si tú quieres, puedes curarme". Jesús se compadeció de él, y extendiendo la mano, lo tocó y le dijo: "Sí quiero: ¡sana!" Inmediatamente se le quitó la lepra y quedó limpio.

Al despedirlo, Jesús le mandó con severidad: "No se lo cuentes a nadie; pero para que conste, ve a presentarte al sacerdote y ofrece por tu purificación lo prescrito por Moisés".

Pero aquel hombre comenzó a divulgar tanto el hecho, que Jesús no podía ya entrar abiertamente en la ciudad, sino que se quedaba fuera, en lugares solitarios, a donde acudían a él de todas partes.

Meditación (*Meditatio*)

Después de la lectura, toma unos momentos para reflexionar en silencio acerca de una o más de las siguientes preguntas:

- ¿Cuál palabra o palabras en este pasaje captaron tu atención?
- ¿Qué parte en este pasaje te consoló?
- ¿Qué parte en este pasaje te desafió?

Si practicas la lectio divina *como familia o en un grupo, luego del tiempo de reflexión, invita a los participantes a compartir sus respuestas.*

Oración (*Oratio*)

Lee el pasaje de la Escritura una vez más. Dale al Señor la alabanza, petición y acción de gracias que la Palabra te ha inspirado.

Contemplación (*Contemplatio*)

Lee nuevamente el pasaje de la Escritura, seguida de esta reflexión:

 ¿Qué conversión de la mente, del corazón y de la vida me pide el Señor?

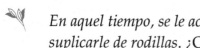

En aquel tiempo, se le acercó a Jesús un leproso para suplicarle de rodillas. ¿Qué necesito suplicarle a Jesús? ¿Cómo puedo acercarme a Jesús con reverencia y humildad?

Jesús se compadeció de él, y extendiendo la mano. ¿Qué me anima a salir al encuentro de quienes tienen necesidad? ¿Cómo puedo crecer en compasión?

Pero para que conste, ve a presentarte al sacerdote. ¿Cómo trato con quienes cuestionan mi fe? ¿Cómo puedo apoyar y defender lo que creo?

Después de unos momentos de reflexión en silencio, todos recen la Oración del Señor y la siguiente:

Oración final

Dichoso aquel que ha sido absuelto
de su culpa y su pecado.
Dichoso aquel en el que Dios no encuentra
ni delito ni engaño.

Ante el Señor reconocí mi culpa,
no oculté mi pecado.
Te confesé, Señor, mi gran delito
y tú me has perdonado.

Alégrense con el Señor y regocíjense
los justos todos,
y todos los hombres de corazón sincero
canten de gozo.

Del Salmo 31

Vivir la Palabra esta semana

¿Cómo puedo convertir mi vida en un don de caridad para los demás?

Presenta tus necesidades y las necesidades del mundo a Jesús en oración ante el Santísimo Sacramento.

17 DE FEBRERO 2021

Lectio divina para el Miércoles de Ceniza

Empecemos nuestra oración:
En el nombre del Padre, y del Hijo, y del Espíritu Santo.
Amén.

Te pedimos, Señor, que tu bondad nos ayude
a continuar las obras penitenciales que hemos comenzado,
para que la austeridad exterior que practicamos
vaya siempre acompañada por la sinceridad de corazón.
Por nuestro Señor Jesucristo, tu Hijo,
que vive y reina contigo en la unidad del Espíritu Santo
y es Dios por los siglos de los siglos.

Oración colecta, Viernes después de Ceniza

Lectura (*Lectio*)

Lee la siguiente Escritura dos o tres veces.

Mateo 6, 1-6. 16-18

En aquel tiempo, Jesús dijo a sus discípulos:
"Tengan cuidado de no practicar sus obras de
piedad delante de los hombres para que los vean.
De lo contrario, no tendrán recompensa con su
Padre celestial.

Por lo tanto, cuando des limosna, no lo anuncies con
trompeta, como hacen los hipócritas en las sinagogas

y por las calles, para que los alaben los hombres. Yo les aseguro que ya recibieron su recompensa. Tú, en cambio, cuando des limosna, que no sepa tu mano izquierda lo que hace la derecha, para que tu limosna quede en secreto; y tu Padre, que ve lo secreto, te recompensará.

Cuando ustedes hagan oración, no sean como los hipócritas, a quienes les gusta orar de pie en las sinagogas y en las esquinas de las plazas, para que los vea la gente. Yo les aseguro que ya recibieron su recompensa. Tú, en cambio, cuando vayas a orar, entra en tu cuarto, cierra la puerta y ora ante tu Padre, que está allí, en lo secreto; y tu Padre, que ve lo secreto, te recompensará.

Cuando ustedes ayunen, no pongan cara triste, como esos hipócritas que descuidan la apariencia de su rostro, para que la gente note que están ayunando. Yo les aseguro que ya recibieron su recompensa. Tú, en cambio, cuando ayunes, perfúmate la cabeza y lávate la cara, para que no sepa la gente que estás ayunando, sino tu Padre, que está en lo secreto; y tu Padre, que ve lo secreto, te recompensará".

Meditación (*Meditatio*)

Después de la lectura, toma unos momentos para reflexionar en silencio acerca de una o más de las siguientes preguntas:

- ¿Cuál palabra o palabras en este pasaje captaron tu atención?
- ¿Qué parte en este pasaje te consoló?
- ¿Qué parte en este pasaje te desafió?

Si practicas la lectio divina *como familia o en un grupo, luego del tiempo de reflexión, invita a los participantes a compartir sus respuestas.*

Oración (*Oratio*)

Lee el pasaje de la Escritura una vez más. Dale al Señor la alabanza, petición y acción de gracias que la Palabra te ha inspirado.

Contemplación (*Contemplatio*)

Lee nuevamente el pasaje de la Escritura, seguida de esta reflexión:

 ¿Qué conversión de la mente, del corazón y de la vida me pide el Señor?

 Tengan cuidado de no practicar sus obras de piedad delante de los hombres para que los vean. ¿Qué obras de justicia tendría yo que hacer? ¿Qué me motiva a hacer lo que es bueno?

Tú, en cambio, cuando vayas a orar, entra en tu cuarto, cierra la puerta y ora ante tu Padre, que está allí, en lo secreto. ¿Qué formas de oración me satisfacen más? ¿Qué necesito llevar a la oración en esta Cuaresma?

 No pongan cara triste, como esos hipócritas. ¿Me causa alegría mi relación con Dios y con la Iglesia? ¿Cómo puedo compartir la alegría del Evangelio?

Después de unos momentos de reflexión en silencio, todos recen la Oración del Señor y la siguiente:

Oración final

Por tu inmensa compasión y misericordia,
Señor, apiádate de mí y olvida mis ofensas.
Lávame bien de todos mis delitos,
y purifícame de mis pecados.

Puesto que reconozco mis culpas,
tengo siempre presentes mis pecados.
Contra ti sólo pequé, Señor,
haciendo lo que a tus ojos era malo.

Crea en mí, Señor, un corazón puro,
un espíritu nuevo para cumplir tus mandamientos.
No me arrojes, Señor, lejos de ti,
ni retires de mí ti santo espíritu.

Devuélveme tu salvación, que regocija
y mantén en mí un alma generosa.
Señor, abre mis labios,
y cantará mi boca tu alabanza.

Del Salmo 50

Vivir la Palabra esta semana

¿Cómo puedo convertir mi vida en un don de caridad para los demás?

Comprométete a las prácticas cuaresmales de oración, ayuno y limosna.

21 DE FEBRERO 2021

Lectio Divina para la Primera Semana de Cuaresma

Empecemos nuestra oración:
En el nombre del Padre, y del Hijo, y del Espíritu Santo.
Amén.

Concédenos, Señor,
una constante disposición a pensar con rectitud
y a practicar el bien con mayor diligencia;
y puesto que no podemos existir sin ti,
haz que vivamos como fieles discípulos tuyos.
Por nuestro Señor Jesucristo, tu Hijo,
que vive y reina contigo en la unidad del Espíritu Santo
y es Dios por los siglos de los siglos.

Oración colecta, Jueves de la Primera Semana de Cuaresma

Lectura (*Lectio*)

Lee la siguiente Escritura dos o tres veces.

Marcos 1, 12-15

En aquel tiempo, el Espíritu impulsó a Jesús a retirarse al desierto, donde permaneció cuarenta días y fue tentado por Satanás. Vivió allí entre animales salvajes, y los ángeles le servían.

Después de que arrestaron a Juan el Bautista, Jesús se fue a Galilea para predicar el Evangelio de Dios y decía: "Se ha cumplido el tiempo y el Reino de Dios ya está cerca. Arrepiéntanse y crean en el Evangelio".

Meditación (*Meditatio*)

Después de la lectura, toma unos momentos para reflexionar en silencio acerca de una o más de las siguientes preguntas:

- ¿Cuál palabra o palabras en este pasaje captaron tu atención?
- ¿Qué parte en este pasaje te consoló?
- ¿Qué parte en este pasaje te desafió?

Si practicas la lectio divina *como familia o en un grupo, luego del tiempo de reflexión, invita a los participantes a compartir sus respuestas.*

Oración (*Oratio*)

Lee el pasaje de la Escritura una vez más. Dale al Señor la alabanza, petición y acción de gracias que la Palabra te ha inspirado.

Contemplación (*Contemplatio*)

Lee nuevamente el pasaje de la Escritura, seguida de esta reflexión:

 ¿Qué conversión de la mente, del corazón y de la vida me pide el Señor?

Donde permaneció cuarenta días y fue tentado por Satanás. ¿En qué momentos me he alejado de Dios? ¿Qué tentaciones al pecado sufro?

Los ángeles le servían. ¿En qué momentos he sentido el consuelo del amor de Dios? ¿Cómo puedo compartir ese amor con las personas que me rodean?

Arrepiéntanse y crean en el Evangelio. ¿Qué partes de mi vida tienen necesidad de conversión? ¿Cómo puedo crecer en mi capacidad de seguir la voluntad de Dios para mi vida?

Después de unos momentos de reflexión en silencio, todos recen la Oración del Señor y la siguiente:

Oración final

Descúbrenos, Señor, tus caminos,
guíanos con la verdad de tu doctrina.
Tú eres nuestro Dios y salvador
y tenemos en ti nuestra esperanza.

Acuérdate, Señor, que son eternos
tu amor y tu ternura.
Según ese amor y esa ternura,
acuérdate de nosotros.

Porque el Señor es recto y bondadoso,
indica a los pecadores el sendero,
guía por la senda recta a los humildes
y descubre a los pobres sus caminos.

Del Salmo 24

Vivir la Palabra esta semana

¿Cómo puedo convertir mi vida en un don de caridad para los demás?

Haz planes para recibir el sacramento de la Penitencia durante la Cuaresma.

28 DE FEBRERO 2021

Lectio Divina para la Segunda Semana de Cuaresma

Empecemos nuestra oración:
En el nombre del Padre, y del Hijo, y del Espíritu Santo.
Amén.

Señor Dios, que nos mandaste escuchar a tu Hijo muy amado,
dígnate alimentarnos íntimamente con tu palabra,
para que, ya purificada nuestra mirada interior,
nos alegremos en la contemplación de tu gloria.
Por nuestro Señor Jesucristo, tu Hijo,
que vive y reina contigo en la unidad del Espíritu Santo
y es Dios por los siglos de los siglos.

Oración colecta, II Domingo de Cuaresma

Lectura (*Lectio*)

Lee la siguiente Escritura dos o tres veces.

Marcos 9, 2-10

En aquel tiempo, Jesús tomó aparte a Pedro, a
Santiago y a Juan, subió con ellos a un monte alto
y se transfiguró en su presencia. Sus vestiduras se
pusieron esplendorosamente blancas, con una blancura
que nadie puede lograr sobre la tierra. Después se les
aparecieron Elías y Moisés, conversando con Jesús.

Entonces Pedro le dijo a Jesús: "Maestro, ¡qué a gusto
estamos aquí! Hagamos tres chozas, una para ti, otra

para Moisés y otra para Elías". En realidad, no sabía lo que decía, porque estaban asustados.

Se formó entonces una nube, que los cubrió con su sombra, y de esta nube salió una voz que decía: "Éste es mi Hijo amado; escúchenlo".

En ese momento miraron alrededor y no vieron a nadie sino a Jesús, que estaba solo con ellos.

Cuando bajaban de la montaña, Jesús les mandó que no contaran a nadie lo que habían visto, hasta que el Hijo del hombre resucitara de entre los muertos. Ellos guardaron esto en secreto, pero discutían entre sí qué querría decir eso de 'resucitar de entre los muertos'.

Meditación (*Meditatio*)

Después de la lectura, toma unos momentos para reflexionar en silencio acerca de una o más de las siguientes preguntas:

- ¿Cuál palabra o palabras en este pasaje captaron tu atención?
- ¿Qué parte en este pasaje te consoló?
- ¿Qué parte en este pasaje te desafió?

Si practicas la lectio divina *como familia o en un grupo, luego del tiempo de reflexión, invita a los participantes a compartir sus respuestas.*

Oración (*Oratio*)

Lee el pasaje de la Escritura una vez más. Dale al Señor la alabanza, petición y acción de gracias que la Palabra te ha inspirado.

Contemplación (*Contemplatio*)

Lee nuevamente el pasaje de la Escritura, seguida de esta reflexión:

 ¿Qué conversión de la mente, del corazón y de la vida me pide el Señor?

 Jesús tomó aparte a Pedro, a Santiago y a Juan, subió con ellos a un monte alto. ¿Dónde encuentro paz y silencio para orar? ¿Qué me distrae de enfocarme en Dios?

 Maestro, ¡qué a gusto estamos aquí! ¿En qué lugares siento más fuertemente la presencia de Dios? ¿En qué lugares debería compartir la presencia de Dios?

Ellos guardaron esto en secreto. ¿En qué momentos he dejado de hablar de mi fe? ¿Quién necesita escuchar de mí una palabra de esperanza?

Después de unos momentos de reflexión en silencio, todos recen la Oración del Señor y la siguiente:

Oración final

Aun abrumado de desgracias,
siempre confié en Dios.
A los ojos del Señor es muy penoso
que mueran sus amigos.

De la muerte, Señor, me has librado,
a mí, tu esclavo e hijo de tu esclava;
te ofreceré con gratitud un sacrificio
e invocaré tu nombre.

Cumpliré mis promesas al Señor
ante todo su pueblo,
en medio de su templo santo,
que está en Jerusalén.

Del Salmo 115

Vivir la Palabra esta semana

¿Cómo puedo convertir mi vida en un don de caridad para los demás?

Sal al encuentro de alguien que tenga necesidad de una palabra de esperanza y ánimo.

7 DE MARZO 2021

Lectio Divina para la Tercera Semana de Cuaresma

Empecemos nuestra oración:
En el nombre del Padre, y del Hijo, y del Espíritu Santo.
Amén.

Te rogamos, Señor bondadoso,
que infundas tu gracia en nuestros corazones,
para que, apartándonos siempre de todo humano extravío,
podamos acoger, con tu ayuda,
las inspiraciones que nos vienen de ti.
Por nuestro Señor Jesucristo, tu Hijo,
que vive y reina contigo en la unidad del Espíritu Santo
y es Dios por los siglos de los siglos.

Oración colecta, Viernes de la Tercera Semana de Cuaresma

Lectura (*Lectio*)

Lee la siguiente Escritura dos o tres veces.

Juan 2, 13-25

Cuando se acercaba la Pascua de los judíos, Jesús llegó a Jerusalén y encontró en el templo a los vendedores de bueyes, ovejas y palomas, y a los cambistas con sus mesas. Entonces hizo un látigo de cordeles y los echó del templo, con todo y sus ovejas y bueyes; a los cambistas les volcó las mesas y les tiró al suelo las monedas; y a los que vendían palomas les dijo: "Quiten todo de aquí y no conviertan en un mercado la casa de mi Padre".

En ese momento, sus discípulos se acordaron de lo que estaba escrito: *El celo de tu casa me devora.*

Después intervinieron los judíos para preguntarle: "¿Qué señal nos das de que tienes autoridad para actuar así?" Jesús les respondió: "Destruyan este templo y en tres días lo reconstruiré". Replicaron los judíos: "Cuarenta y seis años se ha llevado la construcción del templo, ¿y tú lo vas a levantar en tres días?"

Pero él hablaba del templo de su cuerpo. Por eso, cuando resucitó Jesús de entre los muertos, se acordaron sus discípulos de que había dicho aquello y creyeron en la Escritura y en las palabras que Jesús había dicho.

Mientras estuvo en Jerusalén para las fiestas de Pascua, muchos creyeron en él, al ver los prodigios que hacía. Pero Jesús no se fiaba de ellos, porque los conocía a todos y no necesitaba que nadie le descubriera lo que es el hombre, porque él sabía lo que hay en el hombre.

Meditación (*Meditatio*)

Después de la lectura, toma unos momentos para reflexionar en silencio acerca de una o más de las siguientes preguntas:

- ¿Cuál palabra o palabras en este pasaje captaron tu atención?
- ¿Qué parte en este pasaje te consoló?
- ¿Qué parte en este pasaje te desafió?

Si practicas la lectio divina *como familia o en un grupo, luego del tiempo de reflexión, invita a los participantes a compartir sus respuestas.*

Oración (*Oratio*)

Lee el pasaje de la Escritura una vez más. Dale al Señor la alabanza, petición y acción de gracias que la Palabra te ha inspirado.

Contemplación (*Contemplatio*)

Lee nuevamente el pasaje de la Escritura, seguida de esta reflexión:

 ¿Qué conversión de la mente, del corazón y de la vida me pide el Señor?

 Quiten todo de aquí y no conviertan en un mercado la casa de mi Padre. ¿De qué maneras me distraen las cosas temporales de las cosas de Dios? ¿En qué formas el amor por el dinero y las posesiones me apartan de amar a Dios de todo corazón?

El celo de tu casa me devora. ¿Cuánta importancia tiene mi relación con Dios en mi vida diaria? ¿Cómo le doy la prioridad a la oración, el culto y los actos de caridad?

Muchos creyeron en él, al ver los prodigios que hacía. ¿Qué fortalece mi fe? ¿Cómo pueden mis palabras y obras compartir el Evangelio con las personas con quienes me encuentro?

Después de unos momentos de reflexión en silencio, todos recen la Oración del Señor y la siguiente:

Oración final

La ley del Señor es perfecta del todo
y reconforta el alma;
inmutables son las palabras del Señor
y hacen sabio al sencillo.

En los mandamientos del Señor hay rectitud
y alegría para el corazón;

son luz los preceptos del Señor
para alumbrar el camino.

La voluntad del Señor es santa
y para siempre estable;
los mandamientos del Señor son verdaderos
y enteramente justos.

Que te sean gratas las palabras de mi boca
y los anhelos de mi corazón.
Haz, Señor, que siempre te busque,
pues eres mi refugio y salvación.

Del Salmo 18

Vivir la Palabra esta semana

¿Cómo puedo convertir mi vida en un don de caridad para los demás?

Invita a alguien a que se una a ti para la Misa o las devociones cuaresmales o un programa en tu iglesia.

14 DE MARZO 2021

Lectio Divina para la Cuarta Semana de Cuaresma

Empecemos nuestra oración:
En el nombre del Padre, y del Hijo, y del Espíritu Santo.
Amén.

Que la acción de tu misericordia, Señor,
dirija nuestros corazones,
ya que sin tu ayuda no podemos agradarte.
Por nuestro Señor Jesucristo, tu Hijo,
que vive y reina contigo en la unidad del Espíritu Santo
y es Dios por los siglos de los siglos.

Oración colecta, Sábado de la Cuarta Semana de Cuaresma

Lectura (*Lectio*)

Lee la siguiente Escritura dos o tres veces.

Juan 3, 14-21

En aquel tiempo, Jesús dijo a Nicodemo: "Así como Moisés levantó la serpiente en el desierto, así tiene que ser levantado el Hijo del hombre, para que todo el que crea en él tenga vida eterna.

Porque tanto amó Dios al mundo, que le entregó a su Hijo único, para que todo el que crea en él no perezca, sino que tenga vida eterna. Porque Dios no envió a su Hijo para condenar al mundo, sino para que el mundo se salvara por él. El que cree en él no será condenado; pero el que no cree ya está condenado, por no haber creído en el Hijo único de Dios.

La causa de la condenación es ésta: habiendo venido la luz al mundo, los hombres prefirieron las tinieblas a la luz, porque sus obras eran malas. Todo aquel que hace el mal, aborrece la luz y no se acerca a ella, para que sus obras no se descubran. En cambio, el que obra el bien conforme a la verdad, se acerca a la luz, para que se vea que sus obras están hechas según Dios".

Meditación (*Meditatio*)

Después de la lectura, toma unos momentos para reflexionar en silencio acerca de una o más de las siguientes preguntas:

- ¿Cuál palabra o palabras en este pasaje captaron tu atención?
- ¿Qué parte en este pasaje te consoló?
- ¿Qué parte en este pasaje te desafió?

Si practicas la lectio divina *como familia o en un grupo, luego del tiempo de reflexión, invita a los participantes a compartir sus respuestas.*

Oración (*Oratio*)

Lee el pasaje de la Escritura una vez más. Dale al Señor la alabanza, petición y acción de gracias que la Palabra te ha inspirado.

Contemplación (*Contemplatio*)

Lee nuevamente el pasaje de la Escritura, seguida de esta reflexión:

 ¿Qué conversión de la mente, del corazón y de la vida me pide el Señor?

 Ser levantado el Hijo del hombre, para que todo el que crea en él tenga vida eterna. ¿Qué necesidades le debería presentar hoy a Dios? ¿Cómo puedo llevar mi cruz como discípulo?

 Porque tanto amó Dios al mundo, que le entregó a su Hijo único. ¿En qué momentos he sentido más claramente el amor de Dios? ¿Cómo puedo compartir el amor de Dios con las personas con quienes me encuentro?

El que obra el bien conforme a la verdad, se acerca a la luz, para que se vea que sus obras están hechas según Dios. ¿Cómo estoy formando mi conciencia para conocer la verdad de Dios? ¿Qué partes de mi vida deberían ponerse a la luz de Dios?

Después de unos momentos de reflexión en silencio, todos recen la Oración del Señor y la siguiente:

Oración final

Junto a los ríos de Babilonia nos sentábamos
a llorar de nostalgia;
de los sauces que estaban en la orilla
colgábamos nuestras arpas.

Aquellos que cautivos nos tenían
pidieron que cantáramos.
Decían los opresores:
"Algún cantar de Sión, alegres, cántennos".

Pero, ¿cómo podríamos cantar
un himno al Señor en tierra extraña?
¡Que la mano derecha se me seque,
si de ti, Jerusalén, yo me olvidara!

¡Que se me pegue al paladar la lengua
Jerusalén, si no te recordara,

o si, fuera de ti,
alguna otra alegría yo buscara!

Del Salmo 136

Vivir la Palabra esta semana

¿Cómo puedo convertir mi vida en un don de caridad para los demás?

Ofrece las cruces diarias de tu vida por las necesidades del mundo.

21 DE MARZO 2021

Lectio Divina para la Quinta Semana de Cuaresma

Empecemos nuestra oración:
En el nombre del Padre, y del Hijo, y del Espíritu Santo.
Amén.

Señor Dios, por cuya inefable gracia
nos enriqueces con toda clase de bendiciones,
concédenos pasar de nuestros antiguos pecados a una
   vida nueva,
para prepararnos a la gloria del reino celestial.
Por nuestro Señor Jesucristo, tu Hijo,
que vive y reina contigo en la unidad del Espíritu Santo
y es Dios por los siglos de los siglos.

Oración colecta, Lunes de Cuarta Semana de Cuaresma

Lectura (*Lectio*)

Lee la siguiente Escritura dos o tres veces.

Juan 12, 20-33

Entre los que habían llegado a Jerusalén para
adorar a Dios en la fiesta de Pascua, había algunos
griegos, los cuales se acercaron a Felipe, el de Betsaida
de Galilea, y le pidieron: "Señor, quisiéramos ver
a Jesús".

Felipe fue a decírselo a Andrés; Andrés y Felipe se lo dijeron a Jesús y él les respondió: "Ha llegado la hora de que el Hijo del hombre sea glorificado. Yo les aseguro que si el grano de trigo, sembrado en la tierra, no muere, queda infecundo; pero si muere, producirá mucho fruto. El que se ama a sí mismo, se pierde; el que se aborrece a sí mismo en este mundo, se asegura para la vida eterna.

El que quiera servirme, que me siga, para que donde yo esté, también esté mi servidor. El que me sirve será honrado por mi Padre.

Ahora que tengo miedo, ¿le voy a decir a mi Padre: 'Padre, líbrame de esta hora'? No, pues precisamente para esta hora he venido. Padre, dale gloria a tu nombre". Se oyó entonces una voz que decía: "Lo he glorificado y volveré a glorificarlo".

De entre los que estaban ahí presentes y oyeron aquella voz, unos decían que había sido un trueno; otros, que le había hablado un ángel. Pero Jesús les dijo: "Esa voz no ha venido por mí, sino por ustedes. Está llegando el juicio de este mundo; ya va a ser arrojado el príncipe de este mundo. Cuando yo sea levantado de la tierra, atraeré a todos hacia mí". Dijo esto, indicando de qué manera habría de morir.

Meditación (*Meditatio*)

Después de la lectura, toma unos momentos para reflexionar en silencio acerca de una o más de las siguientes preguntas:

- ¿Cuál palabra o palabras en este pasaje captaron tu atención?
- ¿Qué parte en este pasaje te consoló?
- ¿Qué parte en este pasaje te desafió?

Si practicas la lectio divina *como familia o en un grupo, luego del tiempo de reflexión, invita a los participantes a compartir sus respuestas.*

Oración (*Oratio*)

Lee el pasaje de la Escritura una vez más. Dale al Señor la alabanza, petición y acción de gracias que la Palabra te ha inspirado.

Contemplación (*Contemplatio*)

Lee nuevamente el pasaje de la Escritura, seguida de esta reflexión:

 ¿Qué conversión de la mente, del corazón y de la vida me pide el Señor?

 Señor, quisiéramos ver a Jesús. ¿Dónde percibo la mano de Dios obrando en mi vida? ¿Cómo puedo ayudar a los demás a percibir la presencia de Dios?

Yo les aseguro que si el grano de trigo, sembrado en la tierra, no muere, queda infecundo; pero si muere, producirá mucho fruto. ¿De qué maneras debería morir a mí mismo? ¿Qué fruto podría presentarle mi vida a Dios?

 El que quiera servirme, que me siga. ¿Cómo puedo servir a Dios y a su Iglesia? ¿Cómo puedo seguir a Dios más de cerca?

Después de unos momentos de reflexión en silencio, todos recen la Oración del Señor y la siguiente:

Oración final

Por tu inmensa compasión y misericordia,
Señor, apiádate de mí y olvida mis ofensas.
Lávame bien de todos mis delitos,
y purifícame de mis pecados.

Crea en mí, Señor, un corazón puro,
un espíritu nuevo para cumplir tus mandamientos.

No me arrojes, Señor, lejos de ti,
ni retires de mí ti santo espíritu.

Devuélveme tu salvación, que regocija
y mantén en mí un alma generosa.
Enseñaré a los descarriados tus caminos,
y volverán a ti los pecadores.

Del Salmo 50

Vivir la Palabra esta semana

¿Cómo puedo convertir mi vida en un don de caridad para los demás?

Investiga los esfuerzos de evangelización de tu parroquia o diócesis e identifica un modo en el que puedes participar.

28 DE MARZO 2021

Lectio Divina para la Santa Semana

Empecemos nuestra oración:
En el nombre del Padre, y del Hijo, y del Espíritu Santo.
Amén.

Dios y Padre nuestro,
al pueblo que quiere obedecerte,
purifícalo de la antigua maldad por tu misericordia
y hazlo capaz de una santa renovación.
Por Jesucristo, nuestro Señor.

Oración sobre del pueblo, Martes Santo

Lectura (*Lectio*)

Lee la siguiente Escritura dos o tres veces.

Marcos 11, 1-10

Cuando Jesús y los suyos iban de camino a Jerusalén, al llegar a Betfagé y Betania, cerca del monte de los Olivos, les dijo a dos de sus discípulos: "Vayan al pueblo que ven allí enfrente; al entrar, encontrarán amarrado un burro que nadie ha montado todavía. Desátenlo y tráiganmelo. Si alguien les pregunta por qué lo hacen, contéstenle: 'El Señor lo necesita y lo devolverá pronto'".

Fueron y encontraron al burro en la calle, atado junto a

una puerta, y lo desamarraron. Algunos de los que allí estaban les preguntaron: "¿Por qué sueltan al burro?" Ellos les contestaron lo que había dicho Jesús y ya nadie los molestó.

Llevaron el burro, le echaron encima los mantos y Jesús montó en él. Muchos extendían su manto en el camino, y otros lo tapizaban con ramas cortadas en el campo. Los que iban delante de Jesús y los que lo seguían, iban gritando vivas: "*¡Hosanna! ¡Bendito el que viene en nombre del Señor!* ¡Bendito el reino que llega, el reino de nuestro padre David! *¡Hosanna en el cielo!*"

Meditación (*Meditatio*)

Después de la lectura, toma unos momentos para reflexionar en silencio acerca de una o más de las siguientes preguntas:

- ¿Cuál palabra o palabras en este pasaje captaron tu atención?
- ¿Qué parte en este pasaje te consoló?
- ¿Qué parte en este pasaje te desafió?

Si practicas la lectio divina *como familia o en un grupo, luego del tiempo de reflexión, invita a los participantes a compartir sus respuestas.*

Oración (*Oratio*)

Lee el pasaje de la Escritura una vez más. Dale al Señor la alabanza, petición y acción de gracias que la Palabra te ha inspirado.

Contemplación (*Contemplatio*)

Lee nuevamente el pasaje de la Escritura, seguida de esta reflexión:

 ¿Qué conversión de la mente, del corazón y de la vida me pide el Señor?

 Jesús y los suyos iban de camino a Jerusalén. ¿Cómo puedo acercarme más a Jesús en estos días finales de la Cuaresma? ¿Cómo puedo mantener su cercanía una vez que se acabe la Cuaresma?

 El Señor lo necesita y lo devolverá pronto. ¿Cómo puedo expresar gratitud por los dones que me ha dado Dios? ¿Cómo puedo poner mis dones al servicio de Dios?

Bendito el reino que llega, el reino de nuestro padre David! ¿Cómo puedo ayudar a construir el reino de Dios? ¿Cómo puedo a aprender a anhelar la venida del reino de Dios?

Después de unos momentos de reflexión en silencio, todos recen la Oración del Señor y la siguiente:

Oración final

Todos los que me ven, de mí se burlan;
me hacen gestos y dicen:
"Confiaba en el Señor, pues que él lo salve;
si de veras lo ama, que lo libre".
Los malvados me cercan por doquiera
como rabiosos perros.
Mis manos y mis pies han taladrado
y se puedan contar todos mis huesos.

Reparten entre sí mis vestiduras
y se juegan mi túnica a los dados.
Señor, auxilio mío, ven y ayúdame,
no te quedes de mí tan alejado.

Contaré tu fama a mis hermanos,
en medio de la asamblea te alabaré.

Fieles del Señor, alábenlo;
glorifícalo, linaje de Jacob,
témelo, estirpe de Israel.

Del Salmo 22

Vivir la Palabra esta semana

¿Cómo puedo convertir mi vida en un don de caridad para los demás?

En la medida en que te sea posible, participa en la celebración del Triduo Pascual de tu parroquia.

4 DE ABRIL 2021

Lectio Divina para la Octava de Pascua

Empecemos nuestra oración:
En el nombre del Padre, y del Hijo, y del Espíritu Santo.
Amén.

Dios todopoderoso y eterno,
que estableciste el misterio pascual
como alianza de la reconciliación humana,
concédenos manifestar en las obras
lo que celebramos con fe.
Por nuestro Señor Jesucristo, tu Hijo,
que vive y reina contigo en la unidad del Espíritu Santo
y es Dios por los siglos de los siglos.

Oración colecta, Viernes de la Octava de Pascua

Lectura (*Lectio*)

Lee la siguiente Escritura dos o tres veces.

Juan 20, 1-9

El primer día después del sábado, estando todavía oscuro, fue María Magdalena al sepulcro y vio removida la piedra que lo cerraba. Echó a correr, llegó a la casa donde estaban Simón Pedro y el otro discípulo, a quien Jesús amaba, y les dijo: "Se han llevado del sepulcro al Señor y no sabemos dónde lo habrán puesto".

Salieron Pedro y el otro discípulo camino del sepulcro. Los dos iban corriendo juntos, pero el otro discípulo corrió más aprisa que Pedro y llegó primero al sepulcro, e inclinándose, miró los lienzos puestos en el suelo, pero no entró.

En eso llegó también Simón Pedro, que lo venía siguiendo, y entró en el sepulcro. Contempló los lienzos puestos en el suelo y el sudario, que había estado sobre la cabeza de Jesús, puesto, no con los lienzos en el suelo, sino doblado en sitio aparte. Entonces entró también el otro discípulo, el que había llegado primero al sepulcro, y vio y creyó, porque hasta entonces no habían entendido las Escrituras, según las cuales Jesús debía resucitar de entre los muertos.

Meditación (*Meditatio*)

Después de la lectura, toma unos momentos para reflexionar en silencio acerca de una o más de las siguientes preguntas:

- ¿Cuál palabra o palabras en este pasaje captaron tu atención?
- ¿Qué parte en este pasaje te consoló?
- ¿Qué parte en este pasaje te desafió?

Si practicas la lectio divina *como familia o en un grupo, luego del tiempo de reflexión, invita a los participantes a compartir sus respuestas.*

Oración (*Oratio*)

Lee el pasaje de la Escritura una vez más. Dale al Señor la alabanza, petición y acción de gracias que la Palabra te ha inspirado.

Contemplación (*Contemplatio*)

Lee nuevamente el pasaje de la Escritura, seguida de esta reflexión:

 ¿Qué conversión de la mente, del corazón y de la vida me pide el Señor?

 Estando todavía oscuro, fue María Magdalena al sepulcro. ¿En qué momentos he experimentado oscuridad en mi vida de fe y esperanza? ¿Cómo puedo compartir la luz de Cristo con los demás?

 Y vio y creyó. ¿Qué personas, acontecimientos o libros me han ayudado a creer más fervientemente? ¿Cómo ayudan mis palabras y obras a otros a creer?

Hasta entonces no habían entendido las Escrituras, según las cuales Jesús debía resucitar de entre los muertos. ¿Con qué frecuencia leo la Escritura y oro con ella? ¿Qué recursos me ayudan a crecer en mi comprensión de la fe?

Después de unos momentos de reflexión en silencio, todos recen la Oración del Señor y la siguiente:

Oración final

Te damos gracias, Señor, porque eres bueno,
porque tu misericordia es eterna.
Diga la casa de Israel:
"Su misericordia es eterna".

La diestra del Señor es poderosa,
la diestra del Señor es nuestro orgullo.
No moriré, continuaré viviendo
para contar lo que el Señor ha hecho.

La piedra que desecharon los constructores
es ahora la piedra angular.
Esto es obra de la mano del Señor,
es un milagro patente.

Del Salmo 117

Vivir la Palabra esta semana

¿Cómo puedo convertir mi vida en un don de caridad para los demás?

Únete o comienza un grupo de estudio bíblico en tu parroquia.

11 DE ABRIL 2021

Lectio Divina para la II Semana de Pascua

Empecemos nuestra oración:
En el nombre del Padre, y del Hijo, y del Espíritu Santo.
Amén.

Dios de piedad,
que por medio de estos misterios pascuales
abriste para tus fieles la puerta de tu misericordia,
míranos y apiádate de nosotros,
para que, siguiendo, con tu gracia, el camino de tu voluntad,
nunca nos desviemos del sendero de la vida.
Por nuestro Señor Jesucristo, tu Hijo,
que vive y reina contigo en la unidad del Espíritu Santo
y es Dios por los siglos de los siglos.

Oración colecta, Sábado de la II semana de Pascua

Lectura (*Lectio*)

Lee la siguiente Escritura dos o tres veces.

Juan 20, 19-31

Al anochecer del día de la resurrección, estando cerradas las puertas de la casa donde se hallaban los discípulos, por miedo a los judíos, se presentó Jesús en medio de ellos y les dijo: "La paz esté con ustedes". Dicho esto, les mostró las manos y el costado. Cuando los discípulos vieron al Señor, se llenaron de alegría.

De nuevo les dijo Jesús: "La paz esté con ustedes. Como el Padre me ha enviado, así también los envío yo". Después de decir esto, sopló sobre ellos y les dijo: "Reciban el Espíritu Santo. A los que les perdonen los pecados, les quedarán perdonados; y a los que no se los perdonen, les quedarán sin perdonar".

Tomás, uno de los Doce, a quien llamaban el Gemelo, no estaba con ellos cuando vino Jesús, y los otros discípulos le decían: "Hemos visto al Señor". Pero él les contestó: "Si no veo en sus manos la señal de los clavos y si no meto mi dedo en los agujeros de los clavos y no meto mi mano en su costado, no creeré".

Ocho días después, estaban reunidos los discípulos a puerta cerrada y Tomás estaba con ellos. Jesús se presentó de nuevo en medio de ellos y les dijo: "La paz esté con ustedes". Luego le dijo a Tomás: "Aquí están mis manos; acerca tu dedo. Trae acá tu mano, métela en mi costado y no sigas dudando, sino cree". Tomás le respondió: "¡Señor mío y Dios mío!" Jesús añadió: "Tú crees porque me has visto; dichosos los que creen sin haber visto".

Otros muchos signos hizo Jesús en presencia de sus discípulos, pero no están escritos en este libro. Se escribieron éstas para que ustedes crean que Jesús es el Mesías, el Hijo de Dios, y para que, creyendo, tengan vida en su nombre.

Meditación (*Meditatio*)

Después de la lectura, toma unos momentos para reflexionar en silencio acerca de una o más de las siguientes preguntas:

- ¿Cuál palabra o palabras en este pasaje captaron tu atención?
- ¿Qué parte en este pasaje te consoló?
- ¿Qué parte en este pasaje te desafió?

Si practicas la lectio divina *como familia o en un grupo, luego del tiempo de reflexión, invita a los participantes a compartir sus respuestas.*

Oración (*Oratio*)

Lee el pasaje de la Escritura una vez más. Dale al Señor la alabanza, petición y acción de gracias que la Palabra te ha inspirado.

Contemplación (*Contemplatio*)

Lee nuevamente el pasaje de la Escritura, seguida de esta reflexión:

 ¿Qué conversión de la mente, del corazón y de la vida me pide el Señor?

 Estando cerradas las puertas de la casa. ¿En qué momentos me guardo la fe para mí mismo en lugar de compartirla? ¿En qué momentos mis palabras y acciones han alejado de Dios a otras personas?

La paz esté con ustedes. ¿Qué partes de mi vida (casa, trabajo, etc.) se encuentran agitadas? ¿Cómo puedo ser pacificador en mi entorno?

Se escribieron éstas para que ustedes crean que Jesús es el Mesías, el Hijo de Dios. ¿Qué experiencias me acercan más a Dios? ¿Cómo puedo compartir esas experiencias con los demás?

Después de unos momentos de reflexión en silencio, todos recen la Oración del Señor y la siguiente:

Oración final

Diga la casa de Israel: "Su misericordia es eterna".
Diga la casa de Aarón: "Su misericordia es eterna".
Digan los que temen al Señor: "Su misericordia es eterna".

La diestra del Señor es poderosa,
la diestra del Señor es nuestro orgullo.
No moriré, continuaré viviendo
para contar lo que el Señor ha hecho.
Me castigó, me castigó el Señor,
pero no me abandonó a la muerte.

La piedra que desecharon los constructores,
es ahora la piedra angular.
Esto es obra de la mano del Señor,
es un milagro patente.
Éste es el día de triunfo del Señor:
día de júbilo y de gozo.

Del Salmo 117

Vivir la Palabra esta semana

¿Cómo puedo convertir mi vida en un don de caridad para los demás?

Únete a tu red diocesana de defensa de la paz y la justicia
y ora por quienes trabajan por llevar la paz a lugares
en conflicto.

18 DE ABRIL 2021

Lectio Divina para la III Semana de Pascua

Empecemos nuestra oración:
En el nombre del Padre, y del Hijo, y del Espíritu Santo.
Amén.

Dios todopoderoso y eterno,
concédenos aprovechar bien los dones de tu bondad
en estos días en que, por gracia tuya,
la hemos experimentado más plenamente,
para que, libres de las tinieblas del error,
nos hagas estar adheridos firmemente a tu verdad.
Por nuestro Señor Jesucristo, tu Hijo,
que vive y reina contigo en la unidad del Espíritu Santo
y es Dios por los siglos de los siglos.

Oración colecta, Jueves de la III semana de Pascua

Lectura (*Lectio*)

Lee la siguiente Escritura dos o tres veces.

Lucas 24, 35-48

Cuando los dos discípulos regresaron de Emaús
y llegaron al sitio donde estaban reunidos los
apóstoles, les contaron lo que les había pasado en el
camino y cómo habían reconocido a Jesús al partir
el pan.

Mientras hablaban de esas cosas, se presentó Jesús en medio de ellos y les dijo: "La paz esté con ustedes". Ellos, desconcertados y llenos de temor, creían ver un fantasma. Pero él les dijo: "No teman; soy yo. ¿Por qué se espantan? ¿Por qué surgen dudas en su interior? Miren mis manos y mis pies. Soy yo en persona. Tóquenme y convénzanse: un fantasma no tiene ni carne ni huesos, como ven que tengo yo". Y les mostró las manos y los pies. Pero como ellos no acababan de creer de pura alegría y seguían atónitos, les dijo: "¿Tienen aquí algo de comer?" Le ofrecieron un trozo de pescado asado; él lo tomó y se puso a comer delante de ellos.

Después les dijo: "Lo que ha sucedido es aquello de que les hablaba yo, cuando aún estaba con ustedes: que tenía que cumplirse todo lo que estaba escrito de mí en la ley de Moisés, en los profetas y en los salmos".

Entonces les abrió el entendimiento para que comprendieran las Escrituras y les dijo: "Está escrito que el Mesías tenía que padecer y había de resucitar de entre los muertos al tercer día, y que en su nombre se había de predicar a todas las naciones, comenzando por Jerusalén, la necesidad de volverse a Dios para el perdón de los pecados. Ustedes son testigos de esto".

Meditación (*Meditatio*)

Después de la lectura, toma unos momentos para reflexionar en silencio acerca de una o más de las siguientes preguntas:

- ¿Cuál palabra o palabras en este pasaje captaron tu atención?

- ¿Qué parte en este pasaje te consoló?
- ¿Qué parte en este pasaje te desafió?

Si practicas la lectio divina como familia o en un grupo, luego del tiempo de reflexión, invita a los participantes a compartir sus respuestas.

Oración (*Oratio*)

Lee el pasaje de la Escritura una vez más. Dale al Señor la alabanza, petición y acción de gracias que la Palabra te ha inspirado.

Contemplación (*Contemplatio*)

Lee nuevamente el pasaje de la Escritura, seguida de esta reflexión:

 ¿Qué conversión de la mente, del corazón y de la vida me pide el Señor?

 Reconocido a Jesús al partir el pan. ¿Cómo puedo darle a la liturgia eucarística un lugar más central en mi vida? ¿Dónde veo a la acción de Jesús en mi vida?

¿Por qué surgen dudas en su interior? ¿Qué asuntos o circunstancias le causan dudas o preguntas a mi corazón? ¿Qué recursos tengo disponibles para responder a esas preguntas o dudas?

Ustedes son testigos de esto. ¿De quién he recibido un testimonio que ha fortalecido mi fe? ¿A quiénes les he dado testimonio de mi fe?

Después de unos momentos de reflexión en silencio, todos recen la Oración del Señor y la siguiente:

Oración final

Tú que conoces lo justo de mi causa,
Señor, responde a mi clamor.
Tú que me has sacado con bien de mis angustias,
apiádate y escucha mi oración.

Admirable en bondad
ha sido el Señor para conmigo,

y siempre que lo invoco me ha escuchado;
por eso en él confío.

En paz, Señor, me acuesto
y duermo en paz,
pues solo tú, Señor,
eres mi tranquilidad.

Del Salmo 4

Vivir la Palabra esta semana

¿Cómo puedo convertir mi vida en un don de caridad para los demás?

Asiste a la Misa diaria o pasa tiempo orando ante el Santísimo Sacramento.

25 DE ABRIL 2021

Lectio Divina para la IV Semana de Pascua

Empecemos nuestra oración:
En el nombre del Padre, y del Hijo, y del Espíritu Santo.
Amén.

Dios nuestro, vida de los creyentes,
gloria de los humildes,
felicidad de los justos,
escucha, benigno, nuestras súplicas,
para que quienes tienen sed de las promesas de tu
    generosidad,
se vean siempre colmados de la plenitud de tus bienes.
Por nuestro Señor Jesucristo, tu Hijo,
que vive y reina contigo en la unidad del Espíritu Santo
y es Dios por los siglos de los siglos.

Oración colecta, Miércoles de la IV semana de Pascua

Lectura (*Lectio*)

Lee la siguiente Escritura dos o tres veces.

Juan 10, 11-18

En aquel tiempo, Jesús dijo a los fariseos: "Yo soy
el buen pastor. El buen pastor da la vida por sus
ovejas. En cambio, el asalariado, el que no es el pastor
ni el dueño de las ovejas, cuando ve venir al lobo,
abandona las ovejas y huye; el lobo se arroja sobre ellas

y las dispersa, porque a un asalariado no le importan las ovejas.

Yo soy el buen pastor, porque conozco a mis ovejas y ellas me conocen a mí, así como el Padre me conoce a mí y yo conozco al Padre. Yo doy la vida por mis ovejas. Tengo además otras ovejas que no son de este redil y es necesario que las traiga también a ellas; escucharán mi voz y habrá un solo rebaño y un solo pastor.

El Padre me ama porque doy mi vida para volverla a tomar. Nadie me la quita; yo la doy porque quiero. Tengo poder para darla y lo tengo también para volverla a tomar. Éste es el mandato que he recibido de mi Padre".

Meditación (*Meditatio*)

Después de la lectura, toma unos momentos para reflexionar en silencio acerca de una o más de las siguientes preguntas:

- ¿Cuál palabra o palabras en este pasaje captaron tu atención?
- ¿Qué parte en este pasaje te consoló?
- ¿Qué parte en este pasaje te desafió?

Si practicas la lectio divina *como familia o en un grupo, luego del tiempo de reflexión, invita a los participantes a compartir sus respuestas.*

Oración (*Oratio*)

Lee el pasaje de la Escritura una vez más. Dale al Señor la alabanza, petición y acción de gracias que la Palabra te ha inspirado.

Contemplación (*Contemplatio*)

Lee nuevamente el pasaje de la Escritura, seguida de esta reflexión:

 ¿Qué conversión de la mente, del corazón y de la vida me pide el Señor?

 El buen pastor da la vida por sus ovejas. ¿Quién se ha sacrificado por mi bien? ¿De qué modos se me llama a entregar mi vida por los demás?

 Yo soy el buen pastor, porque conozco a mis ovejas y ellas me conocen a mí. ¿Cómo pueden saber las personas que pertenezco a Dios? ¿Cómo puedo acercar a Dios a las personas con las que me encuentro?

El Padre me conoce a mí y yo conozco al Padre.
¿Cómo estoy creciendo en el conocimiento de mi
fe? ¿Cómo puedo llegar a conocer la voluntad
del Padre para mí?

*Después de unos momentos de reflexión en silencio, todos recen la
Oración del Señor y la siguiente:*

Oración final

Te damos gracias, Señor, porque eres bueno,
porque tu misericordia es eterna.
Más vale refugiarse en el Señor
que poner en los hombres la confianza;
más vale refugiarse en el Señor
que buscar con los fuertes una alianza.

Te doy gracias pues me escuchaste
y fuiste para mí la salvación.
La piedra que desecharon los constructores
es ahora la piedra angular.
Esto es obra de la mano del Señor:
es un milagro patente.

Bendito el que viene en nombre del Señor.
Que Dios desde su templo nos bendiga.
Tú eres mi Dios, te doy gracias.
Tú eres mi Dios, y yo te alabo.

Te damos gracias, Señor, porque eres bueno,
Porque tu misericordia es eterna.

Del Salmo 117

Vivir la Palabra esta semana

¿Cómo puedo convertir mi vida en un don de caridad para los demás?

Renuncia a un pequeño placer y dona el ahorro (en tiempo o dinero) a quienes lo necesitan.

2 DE MAYO 2021

Lectio Divina para la V Semana de Pascua

Empecemos nuestra oración:
En el nombre del Padre, y del Hijo, y del Espíritu Santo.
Amén.

Dios nuestro, que por la resurrección de tu Hijo
nos rescatas para la vida eterna,
concede a tu pueblo perseverar en la fe y la esperanza,
para que no dudemos que se han de cumplir las promesas
que tú hiciste y nos has dado a conocer.
Por nuestro Señor Jesucristo, tu Hijo,
que vive y reina contigo en la unidad del Espíritu Santo
y es Dios por los siglos de los siglos.

Oración colecta, Martes de la V semana de Pascua

Lectura (*Lectio*)

Lee la siguiente Escritura dos o tres veces.

Juan 15, 1-8

En aquel tiempo, Jesús dijo a sus discípulos: "Yo soy la verdadera vid y mi Padre es el viñador. Al sarmiento que no da fruto en mí, él lo arranca, y al que da fruto lo poda para que dé más fruto.

Ustedes ya están purificados por las palabras que les he dicho. Permanezcan en mí y yo en ustedes.

Como el sarmiento no puede dar fruto por sí mismo, si no permanece en la vid, así tampoco ustedes, si no permanecen en mí. Yo soy la vid, ustedes los sarmientos; el que permanece en mí y yo en él, ése da fruto abundante, porque sin mí nada pueden hacer. Al que no permanece en mí se le echa fuera, como al sarmiento, y se seca; luego lo recogen, lo arrojan al fuego y arde.

Si permanecen en mí y mis palabras permanecen en ustedes, pidan lo que quieran y se les concederá. La gloria de mi Padre consiste en que den mucho fruto y se manifiesten así como discípulos míos".

Meditación (*Meditatio*)

Después de la lectura, toma unos momentos para reflexionar en silencio acerca de una o más de las siguientes preguntas:

- ¿Cuál palabra o palabras en este pasaje captaron tu atención?
- ¿Qué parte en este pasaje te consoló?
- ¿Qué parte en este pasaje te desafió?

Si practicas la lectio divina como familia o en un grupo, luego del tiempo de reflexión, invita a los participantes a compartir sus respuestas.

Oración (*Oratio*)

Lee el pasaje de la Escritura una vez más. Dale al Señor la alabanza, petición y acción de gracias que la Palabra te ha inspirado.

Contemplación (*Contemplatio*)

Lee nuevamente el pasaje de la Escritura, seguida de esta reflexión:

 ¿Qué conversión de la mente, del corazón y de la vida me pide el Señor?

 Él lo arranca, y al que da fruto lo poda para que dé más fruto. ¿Qué partes de mi vida necesitan ser podadas? ¿Qué fruto ha hecho Dios brotar en mi vida?

 Sin mí nada pueden hacer. ¿En qué momentos he confiado más en Dios? ¿Qué me está pidiendo Dios que haga?

La gloria de mi Padre consiste en que den mucho fruto y se manifiesten así como discípulos míos. ¿Cómo glorifica mi vida a Dios? ¿Cómo puedo seguir el sendero del discipulado más de cerca?

Después de unos momentos de reflexión en silencio, todos recen la Oración del Señor y la siguiente:

Oración final

Le cumpliré mis promesas al Señor
delante de sus fieles.
Los pobres comerán hasta saciarse
y alabarán al Señor los que lo buscan:
su corazón ha de vivir para siempre.

Recordarán al Señor y volverán a él
desde los últimos lugares del mundo;
en su presencia se postrarán
todas las familias de los pueblos.
Sólo ante él se postrarán todos los que mueren.

Mi descendencia lo servirá
y le contará a la siguiente generación,
al pueblo que ha de nacer:
la justicia del Señor
y todo lo que él ha hecho.

Del Salmo 21

Vivir la Palabra esta semana

¿Cómo puedo convertir mi vida en un don de caridad para los demás?

Revisa tus compromisos de tiempo, talento y tesoro para compartir en gratitud el fruto que Dios ha hecho brotar en tu vida.

9 DE MAYO 2021

Lectio Divina para la VI Semana de Pascua

Empecemos nuestra oración:
En el nombre del Padre, y del Hijo, y del Espíritu Santo.
Amén.

Señor Dios, que hiciste a tu pueblo partícipe de tu redención,
concédenos vivir perpetuamente
llenos de gozo por la resurrección del Señor.
Él, que vive y reina contigo en la unidad del Espíritu Santo
y es Dios por los siglos de los siglos.

Oración colecta, Jueves de la VI semana de Pascua

Lectura (*Lectio*)

Lee la siguiente Escritura dos o tres veces.

Juan 15, 9-17

En aquel tiempo, Jesús dijo a sus discípulos: "Como el Padre me ama, así los amo yo. Permanezcan en mi amor. Si cumplen mis mandamientos, permanecen en mi amor; lo mismo que yo cumplo los mandamientos de mi Padre y permanezco en su amor. Les he dicho esto para que mi alegría esté en ustedes y su alegría sea plena.

Éste es mi mandamiento: que se amen los unos a los otros como yo los he amado. Nadie tiene amor más grande a sus amigos que el que da la vida por ellos. Ustedes son mis amigos, si hacen lo que yo les mando. Ya no los llamo siervos, porque el siervo no sabe lo que hace su amo; a ustedes los llamo amigos, porque les he dado a conocer todo lo que le he oído a mi Padre.

No son ustedes los que me han elegido, soy yo quien los ha elegido y los ha destinado para que vayan y den fruto y su fruto permanezca, de modo que el Padre les conceda cuanto le pidan en mi nombre. Esto es lo que les mando: que se amen los unos a los otros".

Meditación (*Meditatio*)

Después de la lectura, toma unos momentos para reflexionar en silencio acerca de una o más de las siguientes preguntas:

- ¿Cuál palabra o palabras en este pasaje captaron tu atención?
- ¿Qué parte en este pasaje te consoló?
- ¿Qué parte en este pasaje te desafió?

Si practicas la lectio divina *como familia o en un grupo, luego del tiempo de reflexión, invita a los participantes a compartir sus respuestas.*

Oración (*Oratio*)

Lee el pasaje de la Escritura una vez más. Dale al Señor la alabanza, petición y acción de gracias que la Palabra te ha inspirado.

Contemplación (*Contemplatio*)

Lee nuevamente el pasaje de la Escritura, seguida de esta reflexión:

 ¿Qué conversión de la mente, del corazón y de la vida me pide el Señor?

 Permanecen en mi amor. ¿En qué momentos he sentido más fuertemente el amor de Dios? ¿Qué me puede separar del amor de Dios?

 Les he dicho esto para que mi alegría esté en ustedes y su alegría sea plena. ¿Qué necesito para que mi alegría sea completa? ¿Cómo puedo compartir la alegría que Dios me da?

No son ustedes los que me han elegido, soy yo quien los ha elegido. ¿Para qué obra me ha escogido Dios? ¿Cómo puedo participar más plenamente en la misión de la Iglesia?

Después de unos momentos de reflexión en silencio, todos recen la Oración del Señor y la siguiente:

Oración final

Cantemos al Señor un canto nuevo,
pues ha hecho maravillas.
Su diestra y su santo brazo
le han dado la victoria.

El Señor ha dado a conocer su victoria
y ha revelado a las naciones su justicia.
Una vez más ha demostrado Dios
su amor y su lealtad hacia Israel.

La tierra entera ha contemplado
la victoria de nuestro Dios.
Que todos los pueblos y naciones
Aclamen con júbilo al Señor.

Del Salmo 97

Vivir la Palabra esta semana

¿Cómo puedo convertir mi vida en un don de caridad para los demás?

Lee y reflexiona sobre "La obra misteriosa de la Resurrección de Cristo", párrafos 275-280 de la Exhortación apostólica del papa Francisco *La alegría del Evangelio*: *http://www.vatican.va/ content/francesco/es/apost_exhortations/documents/papa-francesco_ esortazione-ap_20131124_evangelii-gaudium.html*.

13 DE MAYO 2021

Lectio Divina para la Solemnidad del Ascensión del Señor

Empecemos nuestra oración:
En el nombre del Padre, y del Hijo, y del Espíritu Santo.
Amén.

Dios eterno, cuyo Hijo subió hoy al cielo
en presencia de sus Apóstoles,
te pedimos nos concedas que él, de acuerdo a su promesa,
permanezca siempre con nosotros en la tierra,
y nos permita vivir con él en el cielo.
Él, que vive y reina contigo en la unidad del Espíritu Santo
y es Dios por los siglos de los siglos.

Oración colecta, Solemnidad del Ascensión, Misa de la Vigilia

Lectura (*Lectio*)

Lee la siguiente Escritura dos o tres veces.

Marcos 16, 15-20

En aquel tiempo, se apareció Jesús a los Once y les dijo: "Vayan por todo el mundo y prediquen el Evangelio a toda creatura. El que crea y se bautice, se salvará; el que se resista a creer, será condenado. Éstos son los milagros que acompañarán a los que hayan creído: arrojarán demonios en mi nombre, hablarán lenguas nuevas, cogerán serpientes en sus manos, y si beben un veneno mortal, no les hará daño; impondrán las manos a los enfermos y éstos quedarán sanos".

El Señor Jesús, después de hablarles, subió al cielo y está sentado a la derecha de Dios. Ellos fueron y proclamaron el Evangelio por todas partes, y el Señor actuaba con ellos y confirmaba su predicación con los milagros que hacían.

Meditación (*Meditatio*)

Después de la lectura, toma unos momentos para reflexionar en silencio acerca de una o más de las siguientes preguntas:

- ¿Cuál palabra o palabras en este pasaje captaron tu atención?
- ¿Qué parte en este pasaje te consoló?
- ¿Qué parte en este pasaje te desafió?

Si practicas la lectio divina *como familia o en un grupo, luego del tiempo de reflexión, invita a los participantes a compartir sus respuestas.*

Oración (*Oratio*)

Lee el pasaje de la Escritura una vez más. Dale al Señor la alabanza, petición y acción de gracias que la Palabra te ha inspirado.

Contemplación (*Contemplatio*)

Lee nuevamente el pasaje de la Escritura, seguida de esta reflexión:

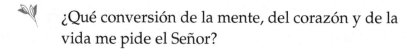

¿Qué conversión de la mente, del corazón y de la vida me pide el Señor?

Vayan por todo el mundo y prediquen el Evangelio a toda creatura. ¿Cuándo fue la última vez en que compartí mi fe con alguien? ¿Qué oportunidades para compartir mi fe he dejado pasar?

Éstos son los milagros que acompañarán a los que hayan creído. ¿Cómo puedo decirle a la gente que soy creyente? ¿Cómo modela mi fe a mi vida diaria?

Ellos fueron y proclamaron el Evangelio por todas partes. ¿A dónde me está llamando Dios? ¿Qué me impide seguir a Jesús más de cerca?

Después de unos momentos de reflexión en silencio, todos recen la Oración del Señor y la siguiente:

Oración final

Aplaudan, pueblos todos,
aclamen al Señor, de gozos llenos;
que el Señor, el Altísimo, es terrible
y de toda la tierra, rey supremo.

Entre voces de júbilo y trompetas,
Dios, el Señor, asciende hasta su trono.
Cantemos en honor de nuestro Dios,
al rey honremos y cantemos todos.

Porque Dios es el rey del universo,
cantemos el mejor de nuestros cantos.
Reina Dios sobre todas las naciones
desde su trono santo.

Del Salmo 46

Vivir la Palabra esta semana

¿Cómo puedo convertir mi vida en un don de caridad para los demás?

Invita a un amigo o vecino a asistir a Misa contigo en la Solemnidad de Pentecostés.

16 DE MAYO 2021

Lectio Divina para la VII Semana de Pascua

Empecemos nuestra oración:
En el nombre del Padre, y del Hijo, y del Espíritu Santo.
Amén.

Descienda sobre nosotros, Señor,
la fuerza del Espíritu Santo,
para que podamos cumplir fielmente tu voluntad
y manifestarla con una vida santa.
Por nuestro Señor Jesucristo, tu Hijo,
que vive y reina contigo en la unidad del Espíritu Santo
y es Dios por los siglos de los siglos.

Oración colecta, Lunes de la VII semana de Pascua

Lectura (*Lectio*)

Lee la siguiente Escritura dos o tres veces.

Juan 17, 11b-19

En aquel tiempo, Jesús levantó los ojos al cielo y dijo: "Padre santo, cuida en tu nombre a los que me has dado, para que sean uno, como nosotros. Cuando estaba con ellos, yo cuidaba en tu nombre a los que me diste; yo velaba por ellos y ninguno de ellos se perdió, excepto el que tenía que perderse, para que se cumpliera la Escritura.

Pero ahora voy a ti, y mientras estoy aún en el mundo, digo estas cosas para que mi gozo llegue a su plenitud en ellos. Yo les he entregado tu palabra y el mundo los odia, porque no son del mundo, como yo tampoco soy del mundo. No te pido que los saques del mundo, sino que los libres del mal. Ellos no son del mundo, como tampoco yo soy del mundo.

Santifícalos en la verdad. Tu palabra es la verdad. Así como tú me enviaste al mundo, así los envío yo también al mundo. Yo me santifico a mí mismo por ellos, para que también ellos sean santificados en la verdad".

Meditación (*Meditatio*)

Después de la lectura, toma unos momentos para reflexionar en silencio acerca de una o más de las siguientes preguntas:

- ¿Cuál palabra o palabras en este pasaje captaron tu atención?
- ¿Qué parte en este pasaje te consoló?
- ¿Qué parte en este pasaje te desafió?

Si practicas la lectio divina como familia o en un grupo, luego del tiempo de reflexión, invita a los participantes a compartir sus respuestas.

Oración (*Oratio*)

Lee el pasaje de la Escritura una vez más. Dale al Señor la alabanza, petición y acción de gracias que la Palabra te ha inspirado.

Contemplación (*Contemplatio*)

Lee nuevamente el pasaje de la Escritura, seguida de esta reflexión:

 ¿Qué conversión de la mente, del corazón y de la vida me pide el Señor?

 Para que sean uno, como nosotros. ¿Con quién necesito reconciliarme? ¿Cómo he sido una fuente de unidad o de división?

 Yo cuidaba en tu nombre a los que me diste. ¿Como puedo mostrar reverencia por el santo nombre de Dios? ¿En qué aspectos necesito la protección de Dios?

Ellos no son del mundo, como tampoco yo soy del mundo. ¿De qué maneras he aceptado los valores del mundo? ¿Cómo he rechazado los valores del mundo?

Después de unos momentos de reflexión en silencio, todos recen la Oración del Señor y la siguiente:

Oración final

Bendice, al Señor, alma mía,
que todo mi ser bendiga su santo nombre.
Bendice, al Señor, alma mía,
y no te olvides de sus beneficios.

Como desde la tierra hasta el cielo,
así es de grande su misericordia;
como dista el oriente del ocaso,
así aleja de nosotros nuestros delitos.

En el cielo el Señor puso su trono,
y su reino abarca el universo.
Bendigan al Señor todos los ángeles,
ejecutores fieles de sus órdenes.

Del Salmo 102

Vivir la Palabra esta semana

¿Cómo puedo convertir mi vida en un don de caridad para los demás?

Busca modos de implicarte en los esfuerzos ecuménicos de tu diócesis y en la oración por la unidad de la Iglesia de Cristo.

23 DE MAYO 2021

Lectio Divina para la Solemnidad del Pentecostés

Empecemos nuestra oración:
En el nombre del Padre, y del Hijo, y del Espíritu Santo.
Amén.

Cumple, Señor, tu promesa
y envíanos tu Espíritu Santo,
para que podamos dar testimonio ante el mundo, con
   nuestra vida,
del Evangelio de Jesucristo, nuestro Señor.
Él, que vive y reina por los siglos de los siglos.

Oración después de la cuarta lectura, Solemnidad de Pentecostés,
Vigilia, Forma extensa

Lectura (*Lectio*)

Lee la siguiente Escritura dos o tres veces.

Juan 15, 26-27; 16, 12-15

En aquel tiempo, Jesús dijo a sus discípulos:
"Cuando venga el Consolador, que yo les enviaré a
ustedes de parte del Padre, el Espíritu de la verdad que
procede del Padre, él dará testimonio de mí y ustedes
también darán testimonio, pues desde el principio han
estado conmigo.

Aún tengo muchas cosas que decirles, pero todavía no

las pueden comprender. Pero cuando venga el Espíritu de la verdad, él los irá guiando hasta la verdad plena, porque no hablará por su cuenta, sino que dirá lo que haya oído y les anunciará las cosas que van a suceder. Él me glorificará, porque primero recibirá de mí lo que les vaya comunicando. Todo lo que tiene el Padre es mío. Por eso he dicho que tomará de lo mío y se lo comunicará a ustedes".

Meditación (*Meditatio*)

Después de la lectura, toma unos momentos para reflexionar en silencio acerca de una o más de las siguientes preguntas:

- ¿Cuál palabra o palabras en este pasaje captaron tu atención?
- ¿Qué parte en este pasaje te consoló?
- ¿Qué parte en este pasaje te desafió?

Si practicas la lectio divina *como familia o en un grupo, luego del tiempo de reflexión, invita a los participantes a compartir sus respuestas.*

Oración (*Oratio*)

Lee el pasaje de la Escritura una vez más. Dale al Señor la alabanza, petición y acción de gracias que la Palabra te ha inspirado.

Contemplación (*Contemplatio*)

Lee nuevamente el pasaje de la Escritura, seguida de esta reflexión:

¿Qué conversión de la mente, del corazón y de la vida me pide el Señor?

Ustedes también darán testimonio, pues desde el principio han estado conmigo. ¿De qué modos ha estado Dios presente en mi vida? ¿Cómo puedo dar testimonio de su presencia?

El Espíritu de la verdad... irá guiando hasta la verdad plena. ¿Cómo puedo discernir lo que es verdad? ¿Qué recursos tengo que me conducen a la verdad?

Todo lo que tiene el Padre es mío. ¿Qué me ha concedido el Padre? ¿Cómo puedo responder al Padre con gratitud y generosidad?

Después de unos momentos de reflexión en silencio, todos recen la Oración del Señor y la siguiente:

Oración final

Bendice, al Señor, alma mía;
Señor y Dios mío, inmensa es su grandeza.
Te vistes de belleza y majestad,
 la luz te envuelve como un manto.
Si retiras tu aliento,
toda creatura muere y vuelve al polvo.
Pero envías tu espíritu, que da vida,
y renuevas el aspecto de la tierra.

Que Dios sea glorificado para siempre
y se goce en sus creaturas.
Ojalá que le agraden mis palabras
y yo me alegraré en el Señor.

Del Salmo 103

Vivir la Palabra esta semana

¿Cómo puedo convertir mi vida en un don de caridad para los demás?

Piensa en participar en una clase de formación en la fe (en persona o en línea) este verano.

30 DE MAYO 2021

Lectio Divina para la Solemnidad de la Santísima Trinidad

Empecemos nuestra oración:
En el nombre del Padre, y del Hijo, y del Espíritu Santo.
Amén.

Dios Padre, que al enviar al mundo
la Palabra de verdad y el Espíritu santificador,
revelaste a todos los hombres tu misterio admirable,
concédenos que, profesando la fe verdadera,
reconozcamos la gloria de la eterna Trinidad
y adoremos la Unidad de su majestad omnipotente.
Por nuestro Señor Jesucristo, tu Hijo,
que vive y reina contigo en la unidad del Espíritu Santo
y es Dios por los siglos de los siglos.

Oración colecta, Solemnidad de la Santísima Trinidad

Lectura (*Lectio*)

Lee la siguiente Escritura dos o tres veces.

Mateo 28, 16-20

En aquel tiempo, los once discípulos se fueron a Galilea y subieron al monte en el que Jesús los había citado. Al ver a Jesús, se postraron, aunque algunos titubeaban.

Entonces Jesús se acercó a ellos y les dijo: "Me ha sido dado todo poder en el cielo y en la tierra. Vayan, pues, y enseñen a todas las naciones, bautizándolas en el nombre del Padre y del Hijo y del Espíritu Santo, y enseñándolas a cumplir todo cuanto yo les he mandado; y sepan que yo estaré con ustedes todos los días, hasta el fin del mundo".

Meditación (*Meditatio*)

Después de la lectura, toma unos momentos para reflexionar en silencio acerca de una o más de las siguientes preguntas:

- ¿Cuál palabra o palabras en este pasaje captaron tu atención?
- ¿Qué parte en este pasaje te consoló?
- ¿Qué parte en este pasaje te desafió?

Si practicas la lectio divina *como familia o en un grupo, luego del tiempo de reflexión, invita a los participantes a compartir sus respuestas.*

Oración (*Oratio*)

Lee el pasaje de la Escritura una vez más. Dale al Señor la alabanza, petición y acción de gracias que la Palabra te ha inspirado.

Contemplación (*Contemplatio*)

Lee nuevamente el pasaje de la Escritura, seguida de esta reflexión:

¿Qué conversión de la mente, del corazón y de la vida me pide el Señor?

Se postraron, aunque algunos titubeaban. ¿Qué cosas acrecientan mis dudas? ¿Qué me da esperanza y confianza?

Enseñándolas a cumplir todo cuanto yo les he mandado. ¿Qué me refrena de compartir las verdades de la fe con los demás? ¿Cómo puedo guardar más cuidadosamente los mandamientos de Dios?

Y sepan que yo estaré con ustedes todos los días, hasta el fin del mundo. ¿En qué momentos necesito más sentir la presencia del Señor? ¿Cómo puedo ayudar a hacer más presente el amor sanador y reconciliador de Cristo?

Después de unos momentos de reflexión en silencio, todos recen la Oración del Señor y la siguiente:

Oración final

Sincera es la palabra del Señor
y todas sus acciones son leales.
Él ama la justicia y el derecho,
la tierra llena está de sus bondades.

La palabra del Señor hizo los cielos
y su aliento, sus astros;
pues el Señor habló y fue hecho todo;
lo mandó con su voz y surgió el orbe.

Cuida el Señor de aquellos que lo temen
en su bondad confían;
los salva de la muerte
y en épocas de hambre les da vida.

En el Señor está nuestra esperanza,
pues él es nuestra ayuda y nuestro amparo.
Muéstrate bondadoso con nosotros,
Puesto que en ti, Señor, hemos confiado.

Del Salmo 32

Vivir la Palabra esta semana

¿Cómo puedo convertir mi vida en un don de caridad para los demás?

Renueva tus promesas bautismales rezando el Credo de los Apóstoles.

6 DE JUNIO 2021

Lectio Divina para la Solemnidad del Santísimo Cuerpo y
Sangre de Cristo (*Corpus Christi*)

Empecemos nuestra oración:
En el nombre del Padre, y del Hijo, y del Espíritu Santo.
Amén.

Señor nuestro Jesucristo,
que en este admirable sacramento
nos dejaste el memorial de tu pasión,
concédenos venerar de tal modo
los sagrados misterios de tu Cuerpo y de tu Sangre,
que experimentemos continuamente en nosotros
el fruto de tu redención.
Tú que vives y reinas con el Padre en la unidad del Espíritu
    Santo
y eres Dios por los siglos de los siglos.

Oración colecta, Solemnidad del Santísimo
Cuerpo y Sangre de Cristo

Lectura (*Lectio*)

Lee la siguiente Escritura dos o tres veces.

Marcos 14, 12-16. 22-26

El primer día de la fiesta de los panes Ázimos,
cuando se sacrificaba el cordero pascual, le
preguntaron a Jesús sus discípulos: "¿Dónde quieres

que vayamos a prepararte la cena de Pascua?" Él les dijo a dos de ellos: "Vayan a la ciudad. Encontrarán a un hombre que lleva un cántaro de agua; síganlo y díganle al dueño de la casa en donde entre: 'El Maestro manda preguntar: ¿Dónde está la habitación en que voy a comer la Pascua con mis discípulos?' Él les enseñará una sala en el segundo piso, arreglada con divanes. Prepárennos allí la cena". Los discípulos se fueron, llegaron a la ciudad, encontraron lo que Jesús les había dicho y prepararon la cena de Pascua.

Mientras cenaban, Jesús tomó un pan, pronunció la bendición, lo partió y se lo dio a sus discípulos, diciendo: "Tomen: esto es mi cuerpo". Y tomando en sus manos una copa de vino, pronunció la acción de gracias, se la dio, todos bebieron y les dijo: "Ésta es mi sangre, sangre de la alianza, que se derrama por todos. Yo les aseguro que no volveré a beber del fruto de la vid hasta el día en que beba el vino nuevo en el Reino de Dios".

Después de cantar el himno, salieron hacia el monte de los Olivos.

Meditación (*Meditatio*)

Después de la lectura, toma unos momentos para reflexionar en silencio acerca de una o más de las siguientes preguntas:

- ¿Cuál palabra o palabras en este pasaje captaron tu atención?
- ¿Qué parte en este pasaje te consoló?
- ¿Qué parte en este pasaje te desafió?

Si practicas la lectio divina *como familia o en un grupo, luego del tiempo de reflexión, invita a los participantes a compartir sus respuestas.*

Oración (*Oratio*)

Lee el pasaje de la Escritura una vez más. Dale al Señor la alabanza, petición y acción de gracias que la Palabra te ha inspirado.

Contemplación (*Contemplatio*)

Lee nuevamente el pasaje de la Escritura, seguida de esta reflexión:

 ¿Qué conversión de la mente, del corazón y de la vida me pide el Señor?

 ¿Dónde quieres que vayamos? ¿En qué lugares me pide Dios que comparta su amor? ¿Cómo puedo entregar mi vida a Dios más completamente?

Prepárennos allí la cena. ¿Cómo puedo reorganizar mis prioridades para darle más tiempo a Dios? ¿Cómo puedo reorganizar mis prioridades para hacer más tiempo para servir a mis hermanos y hermanas?

"Esto es mi cuerpo. . . . Ésta es mi sangre" ¿Cómo puedo mostrar más reverencia ante la Sagrada Eucaristía? ¿Cómo puedo expresar mi gratitud por el don del Cuerpo y la Sangre de Jesús?

Después de unos momentos de reflexión en silencio, todos recen la Oración del Señor y la siguiente:

Oración final

¿Cómo pagaré al Señor
todo el bien que me ha hecho?
Levantaré el cáliz de la salvación,
e invocaré el nombre del Señor.

A los ojos del Señor es muy penoso
que mueran sus amigos.
De la muerte, Señor, me has librado,
A mí, tu esclavo e hijo de tu esclava.

Te ofreceré con gratitud un sacrificio
e invocaré tu nombre.
Cumpliré mis promesas al Señor
ante todo su pueblo.

Del Salmo 115

Vivir la Palabra esta semana

¿Cómo puedo convertir mi vida en un don de caridad para los demás?

Pasa algún tiempo reflexionando sobre el don de la Sagrada Eucaristía y recibe el Sacramento de la Penitencia para poder recibir dignamente la Sagrada Comunión.

11 DE JUNIO 2021

Lectio Divina para la Solemnidad del Sagrado Corazón de Jesús

Empecemos nuestra oración:
En el nombre del Padre, y del Hijo, y del Espíritu Santo.
Amén.

Concédenos, Dios todopoderoso,
que, gozosos de honrar el Corazón de tu amado Hijo,
al recordar la grandeza de los beneficios de su amor,
merezcamos recibir gracias cada vez más abundantes
de esa fuente celestial.
Por nuestro Señor Jesucristo, tu Hijo,
que vive y reina contigo en la unidad del Espíritu Santo
y es Dios por los siglos de los siglos.

Oración colecta, Solemnidad de Sagrado Corazón de Jesús

Lectura (*Lectio*)

Lee la siguiente Escritura dos o tres veces.

Juan 19, 31-37

Como era el día de la preparación de la Pascua, para que los cuerpos de los ajusticiados no se quedaran en la cruz el sábado, porque aquel sábado era un día muy solemne, los judíos pidieron a Pilato que les quebraran las piernas y los quitaran de la cruz.

Fueron los soldados, le quebraron las piernas a uno y luego al otro de los que habían sido crucificados con Jesús. Pero al llegar a él, viendo que ya había muerto, no le quebraron las piernas, sino que uno de los soldados le traspasó el costado con una lanza e inmediatamente salió sangre y agua.

El que vio da testimonio de esto y su testimonio es verdadero y él sabe que dice la verdad, para que también ustedes crean. Esto sucedió para que se cumpliera lo que dice la Escritura: *No le quebrarán ningún hueso*; y en otro lugar la Escritura dice: *Mirarán al que traspasaron.*

Meditación (*Meditatio*)

Después de la lectura, toma unos momentos para reflexionar en silencio acerca de una o más de las siguientes preguntas:

- ¿Cuál palabra o palabras en este pasaje captaron tu atención?
- ¿Qué parte en este pasaje te consoló?
- ¿Qué parte en este pasaje te desafió?

Si practicas la lectio divina *como familia o en un grupo, luego del tiempo de reflexión, invita a los participantes a compartir sus respuestas.*

Oración (*Oratio*)

Lee el pasaje de la Escritura una vez más. Dale al Señor la alabanza, petición y acción de gracias que la Palabra te ha inspirado.

Contemplación (*Contemplatio*)

Lee nuevamente el pasaje de la Escritura, seguida de esta reflexión:

 ¿Qué conversión de la mente, del corazón y de la vida me pide el Señor?

 Porque aquel sábado era un día muy solemne. ¿Cómo guardo el santo domingo? ¿Cómo puede ser mi fe solemne y a la vez llena de alegría?

 El que vio da testimonio de esto y su testimonio es verdadero. ¿Quién me ha ayudado con su testimonio a llegar a conocer más plenamente a Dios? ¿Cómo puedo discernir lo que es verdad?

Mirarán al que traspasaron. ¿Cómo han agravado mis pecados la carga de la cruz de Jesús? ¿Cómo puedo yo llevar mi cruz más pacientemente?

Después de unos momentos de reflexión en silencio, todos recen la Oración del Señor y la siguiente:

Oración final

El Señor es mi Dios y Salvador:
con él estoy seguro y nada temo.
El Señor es mi protección y mi fuerza,
y ha sido mi salvación.
Sacarán agua con gozo
de la fuente de la salvación.

Den gracias al Señor,
invoquen su nombre,
cuentan a los pueblos sus hazañas,
proclamen que su nombre es sublime.

Alaben al Señor por sus proezas,
anúncienlas a toda la tierra.
Griten jubilosos, habitantes de Sión:
porque el Dios de Israel ha sido grande con ustedes.

Del Isaías 12

Vivir la Palabra esta semana

¿Cómo puedo convertir mi vida en un don de caridad para los demás?

Ora por la santidad de los sacerdotes.

13 DE JUNIO 2021

Lectio Divina para la XI Semana del Tiempo Ordinario

Empecemos nuestra oración:
En el nombre del Padre, y del Hijo, y del Espíritu Santo.
Amén.

Señor Dios, fortaleza de los que en ti esperan,
acude, bondadoso, a nuestro llamado
y puesto que sin ti nada puede nuestra humana debilidad,
danos siempre la ayuda de tu gracia,
para que, en el cumplimiento de tu voluntad,
te agrademos siempre con nuestros deseos y acciones.
Por nuestro Señor Jesucristo, tu Hijo,
que vive y reina contigo en la unidad del Espíritu Santo
y es Dios por los siglos de los siglos.

Oración colecta, XI Domingo del Tiempo ordinario

Lectura (*Lectio*)

Lee la siguiente Escritura dos o tres veces.

Marcos 4, 26-34

En aquel tiempo, Jesús dijo a la multitud: "El Reino de Dios se parece a lo que sucede cuando un hombre siembra la semilla en la tierra: que pasan las noches y los días, y sin que él sepa cómo, la semilla germina y crece; y la tierra, por sí sola, va produciendo el fruto: primero los tallos, luego las espigas y después los granos en las espigas. Y cuando ya están maduros los granos, el hombre echa mano de la hoz, pues ha llegado el tiempo de la cosecha".

Les dijo también: "¿Con qué compararemos el Reino de Dios? ¿Con qué parábola lo podremos representar? Es como una semilla de mostaza que, cuando se siembra, es la más pequeña de las semillas; pero una vez sembrada, crece y se convierte en el mayor de los arbustos y echa ramas tan grandes, que los pájaros pueden anidar a su sombra".

Y con otras muchas parábolas semejantes les estuvo exponiendo su mensaje, de acuerdo con lo que ellos podían entender. Y no les hablaba sino en parábolas; pero a sus discípulos les explicaba todo en privado.

Meditación (*Meditatio*)

Después de la lectura, toma unos momentos para reflexionar en silencio acerca de una o más de las siguientes preguntas:

- ¿Cuál palabra o palabras en este pasaje captaron tu atención?
- ¿Qué parte en este pasaje te consoló?
- ¿Qué parte en este pasaje te desafió?

Si practicas la lectio divina *como familia o en un grupo, luego del tiempo de reflexión, invita a los participantes a compartir sus respuestas.*

Oración (*Oratio*)

Lee el pasaje de la Escritura una vez más. Dale al Señor la alabanza, petición y acción de gracias que la Palabra te ha inspirado.

Contemplación (*Contemplatio*)

Lee nuevamente el pasaje de la Escritura, seguida de esta reflexión:

 ¿Qué conversión de la mente, del corazón y de la vida me pide el Señor?

 Pues ha llegado el tiempo de la cosecha. ¿Qué frutos puedo cosechar en mi vida? ¿Cómo pueden estos frutos servir al Reino de Dios?

 ¿Con qué compararemos el Reino de Dios? ¿Cómo me imagino el Reino de Dios? ¿Qué puedo hacer para ayudar a hacer más presente el Reino de Dios?

 Y no les hablaba sino en parábolas; pero a sus discípulos les explicaba todo en privado. ¿Cómo

puedo compartir la palabra de Dios más
eficazmente? ¿Cómo puedo crecer en mi
comprensión de todo lo que enseña la Iglesia?

*Después de unos momentos de reflexión en silencio, todos recen la
Oración del Señor y la siguiente:*

Oración final

¡Qué bueno es darte gracias, Dios altísimo
y celebrar tu nombre,
pregonando tu amor cada mañana
y tu fidelidad, todas las noches.

Los justos crecerán como las palmas,
come los cedros en los altos montes;
plantados en la casa del Señor,
en medio de sus atrios darán flores.

Seguirán dando fruto en su vejez,
frondosos y lozanos como jóvenes,
para anunciar que en Dios, mi protector,
ni maldad ni injusticia se conocen.

Del Salmo 91

Vivir la Palabra esta semana

¿Cómo puedo convertir mi vida en un don de caridad para los demás?

Reza una de las oraciones por la creación en el párrafo 246 de la encíclica *Laudato si'* del Papa Francisco: *http:// w2.vatican.va/content/francesco/es/encyclicals/documents/papa-francesco_20150524_enciclica-laudato-si.html.*

20 DE JUNIO 2021

Lectio Divina para la XII Semana del Tiempo Ordinario

Empecemos nuestra oración:
En el nombre del Padre, y del Hijo, y del Espíritu Santo.
Amén.

Señor Dios, fortaleza de los que en ti esperan,
acude, bondadoso, a nuestro llamado
y puesto que sin ti nada puede nuestra humana debilidad,
danos siempre la ayuda de tu gracia,
para que, en el cumplimiento de tu voluntad,
te agrademos siempre con nuestros deseos y acciones.
Por nuestro Señor Jesucristo, tu Hijo,
que vive y reina contigo en la unidad del Espíritu Santo
y es Dios por los siglos de los siglos.

Oración colecta, XII Domingo del Tiempo ordinario

Lectura (*Lectio*)

Lee la siguiente Escritura dos o tres veces.

Marcos 4, 35-41

Un día, al atardecer, Jesús dijo a sus discípulos: "Vamos a la otra orilla del lago". Entonces los discípulos despidieron a la gente y condujeron a Jesús en la misma barca en que estaba. Iban además otras barcas.

De pronto se desató un fuerte viento y las olas se estrellaban contra la barca y la iban llenando de agua. Jesús dormía en la popa, reclinado sobre un cojín. Lo despertaron y le dijeron: "Maestro, ¿no te importa que nos hundamos?" Él se despertó, reprendió al viento y dijo al mar: "¡Cállate, enmudece!" Entonces el viento cesó y sobrevino una gran calma. Jesús les dijo: "¿Por qué tenían tanto miedo? ¿Aún no tienen fe?" Todos se quedaron espantados y se decían unos a otros: "¿Quién es éste, a quien hasta el viento y el mar obedecen?"

Meditación (*Meditatio*)

Después de la lectura, toma unos momentos para reflexionar en silencio acerca de una o más de las siguientes preguntas:

- ¿Cuál palabra o palabras en este pasaje captaron tu atención?
- ¿Qué parte en este pasaje te consoló?
- ¿Qué parte en este pasaje te desafió?

Si practicas la lectio divina *como familia o en un grupo, luego del tiempo de reflexión, invita a los participantes a compartir sus respuestas.*

Oración (*Oratio*)

Lee el pasaje de la Escritura una vez más. Dale al Señor la alabanza, petición y acción de gracias que la Palabra te ha inspirado.

Contemplación (*Contemplatio*)

Lee nuevamente el pasaje de la Escritura, seguida de esta reflexión:

 ¿Qué conversión de la mente, del corazón y de la vida me pide el Señor?

 Entonces los discípulos despidieron a la gente y condujeron a Jesús en la misma barca en que estaba. ¿En qué momentos me ha apartado la multitud de Jesús? ¿He tratado alguna vez de hacer a Jesús como yo quiero en lugar de como él es?

 ¿Aún no tienen fe? ¿En qué momentos se ha puesto a prueba mi fe? ¿Qué fortalece mi fe?

Todos se quedaron espantados. ¿En qué momentos he sido más consciente del poder y la majestad de Dios? ¿Cómo puedo mostrar más reverencia?

Después de unos momentos de reflexión en silencio, todos recen la Oración del Señor y la siguiente:

Oración final

Los que la mar surcaban con sus naves,
por las aguas inmensas negociando,
el poder del Señor y sus prodigios
en media del abismo contemplaron.

Habló el Señor y un viento huracanado
las olas encrespó;
al cielo y al abismo eran lanzados,
sobrecogidos de terror.

Clamaron al Señor en tal apuro
y él los libró de sus congojas.
Cambio la tempestad en suave brisa,
y apaciguó las olas.

Se alegraron al ver la mar tranquila
y el Señor los llevó al puerto anhelado.
Den gracias al Señor por los prodigios
que su amor por el hombre ha realizado.

Del Salmo 106

Vivir la Palabra esta semana

¿Cómo puedo convertir mi vida en un don de caridad para los demás?

Pasa algún tiempo en silencio, reflexionando sobre la majestad y el poder de Dios.

27 DE JUNIO 2021

Lectio Divina para la XIII Semana del Tiempo Ordinario

Empecemos nuestra oración:
En el nombre del Padre, y del Hijo, y del Espíritu Santo.
Amén.

Señor Dios, que mediante la gracia de la adopción filial
quisiste que fuéramos hijos de la luz,
concédenos que no nos dejemos envolver en las tinieblas
 del error,
sino que permanezcamos siempre vigilantes
en el esplendor de la verdad.
Por nuestro Señor Jesucristo, tu Hijo,
que vive y reina contigo en la unidad

Oración colecta, XIII Domingo del Tiempo ordinario

Lectura (*Lectio*)

Lee la siguiente Escritura dos o tres veces.

Marcos 5, 21-43

En aquel tiempo, cuando Jesús regresó en la barca al otro lado del lago, se quedó en la orilla y ahí se le reunió mucha gente. Entonces se acercó uno de los jefes de la sinagoga, llamado Jairo. Al ver a Jesús, se echó a sus pies y le suplicaba con insistencia: "Mi hija está agonizando. Ven a imponerle las manos para que se cure y viva". Jesús se fue con él, y mucha gente lo seguía y lo apretujaba.

Entre la gente había una mujer que padecía flujo de sangre desde hacía doce años. Había sufrido mucho a manos de los médicos y había gastado en eso toda su fortuna, pero en vez de mejorar, había empeorado. Oyó hablar de Jesús, vino y se le acercó por detrás entre la gente y le tocó el manto, pensando que, con sólo tocarle el vestido, se curaría. Inmediatamente se le secó la fuente de su hemorragia y sintió en su cuerpo que estaba curada.

Jesús notó al instante que una fuerza curativa había salido de él, se volvió hacia la gente y les preguntó: "¿Quién ha tocado mi manto?" Sus discípulos le contestaron: "Estás viendo cómo te empuja la gente y todavía preguntas: '¿Quién me ha tocado?'" Pero él seguía mirando alrededor, para descubrir quién había sido. Entonces se acercó la mujer, asustada y temblorosa, al comprender lo que había pasado; se postró a sus pies y le confesó la verdad. Jesús la tranquilizó, diciendo: "Hija, tu fe te ha curado. Vete en paz y queda sana de tu enfermedad".

Todavía estaba hablando Jesús, cuando unos criados llegaron de casa del jefe de la sinagoga para decirle a éste: "Ya se murió tu hija. ¿Para qué sigues molestando al Maestro?" Jesús alcanzó a oír lo que hablaban y le dijo al jefe de la sinagoga: "No temas, basta que tengas fe". No permitió que lo acompañaran más que Pedro, Santiago y Juan, el hermano de Santiago.

Al llegar a la casa del jefe de la sinagoga, vio Jesús el alboroto de la gente y oyó los llantos y los alaridos que daban. Entró y les dijo: "¿Qué significa tanto llanto y alboroto? La niña no está muerta, está dormida". Y se reían de él.

Entonces Jesús echó fuera a la gente, y con los padres de la niña y sus acompañantes, entró a donde estaba la niña. La tomó de la mano y le dijo: "¡Talitá, kum!", que significa: "¡Óyeme, niña, levántate!" La niña, que tenía doce años, se levantó inmediatamente y se puso a caminar. Todos se quedaron asombrados. Jesús les ordenó severamente que no lo dijeran a nadie y les mandó que le dieran de comer a la niña.

Meditación (*Meditatio*)

Después de la lectura, toma unos momentos para reflexionar en silencio acerca de una o más de las siguientes preguntas:

- ¿Cuál palabra o palabras en este pasaje captaron tu atención?
- ¿Qué parte en este pasaje te consoló?
- ¿Qué parte en este pasaje te desafió?

Si practicas la lectio divina *como familia o en un grupo, luego del tiempo de reflexión, invita a los participantes a compartir sus respuestas.*

Oración (*Oratio*)

Lee el pasaje de la Escritura una vez más. Dale al Señor la alabanza, petición y acción de gracias que la Palabra te ha inspirado.

Contemplación (*Contemplatio*)

Lee nuevamente el pasaje de la Escritura, seguida de esta reflexión:

 ¿Qué conversión de la mente, del corazón y de la vida me pide el Señor?

 Pero en vez de mejorar, había empeorado. ¿En qué momentos me he sentido impotente y desesperanzado? ¿Cómo me puede animar mi relación con Jesús y con su Iglesia en esos momentos?

 Jesús notó al instante que una fuerza curativa había salido de él, se volvió hacia la gente. ¿En qué momentos he experimentado el poder de Dios obrando en mi vida? ¿Cómo puedo estar más consciente de la obra de Dios en mi vida?

No temas, basta que tengas fe. ¿Qué temores me impiden vivir la voluntad de Dios en mi vida? ¿Qué prácticas de fe me pueden ayudar a disipar esos temores?

Después de unos momentos de reflexión en silencio, todos recen la Oración del Señor y la siguiente:

Oración final

Te alabaré, Señor, pues no dejaste
que se rieran de mí mis enemigos.
Tú, Señor, me salvaste de la muerte
y a punto de morir, me reviviste.

Alaben al Señor quienes lo aman,
den gracias a su nombre,
porque su ira dura un solo instante
y su bondad, toda la vida.
El llanto nos visita por la tarde;
por la mañana, el júbilo.

Escúchame, Señor, y compadécete;
Señor, ven en mi ayuda.
Convertiste mi duelo en alegría,
te alabaré por eso eternamente.

Del Salmo 29

Vivir la Palabra esta semana

¿Cómo puedo convertir mi vida en un don de caridad para los demás?

Ora por los enfermos y en oración considera presentarte voluntario para asistir en el ministerio de tu parroquia con los enfermos y los confinados en casa.

4 DE JULIO 2021

Lectio Divina para la XIV Semana del Tiempo Ordinario

Empecemos nuestra oración:
En el nombre del Padre, y del Hijo, y del Espíritu Santo.
Amén.

Señor Dios, que por medio de la humillación de tu Hijo
reconstruiste el mundo derrumbado,
concede a tus fieles una santa alegría
para que, a quienes rescataste de la esclavitud del pecado,
nos hagas disfrutar del gozo que no tiene fin.
Por nuestro Señor Jesucristo, tu Hijo,
que vive y reina contigo en la unidad del Espíritu Santo
y es Dios por los siglos de los siglos.

Oración colecta, XIV Domingo del Tiempo ordinario

Lectura (*Lectio*)

Lee la siguiente Escritura dos o tres veces.

Marcos 6, 1-6

En aquel tiempo, Jesús fue a su tierra en compañía de sus discípulos. Cuando llegó el sábado, se puso a enseñar en la sinagoga, y la multitud que lo escuchaba se preguntaba con asombro: "¿Dónde aprendió este hombre tantas cosas? ¿De dónde le viene esa sabiduría y ese poder para hacer milagros? ¿Qué no es éste el carpintero, el hijo de María, el hermano de

Santiago, José, Judas y Simón? ¿No viven aquí, entre nosotros, sus hermanas?" Y estaban desconcertados.

Pero Jesús les dijo: "Todos honran a un profeta, menos los de su tierra, sus parientes y los de su casa". Y no pudo hacer allí ningún milagro, sólo curó a algunos enfermos imponiéndoles las manos. Y estaba extrañado de la incredulidad de aquella gente. Luego se fue a enseñar en los pueblos vecinos.

Meditación (*Meditatio*)

Después de la lectura, toma unos momentos para reflexionar en silencio acerca de una o más de las siguientes preguntas:

- ¿Cuál palabra o palabras en este pasaje captaron tu atención?
- ¿Qué parte en este pasaje te consoló?
- ¿Qué parte en este pasaje te desafió?

Si practicas la lectio divina *como familia o en un grupo, luego del tiempo de reflexión, invita a los participantes a compartir sus respuestas.*

Oración (*Oratio*)

Lee el pasaje de la Escritura una vez más. Dale al Señor la alabanza, petición y acción de gracias que la Palabra te ha inspirado.

Contemplación (*Contemplatio*)

Lee nuevamente el pasaje de la Escritura, seguida de esta reflexión:

¿Qué conversión de la mente, del corazón y de la vida me pide el Señor?

Jesús fue a su tierra en compañía de sus discípulos. ¿Quiénes son los discípulos que me han acompañado en mi camino de fe? ¿Quién necesita mi acompañamiento?

Todos honran a un profeta, menos los de su tierra, sus parientes y los de su casa. ¿En qué momentos no he honrado a quienes me ayudaron a formar mi fe? ¿Quiénes son los profetas que me llaman a vivir según la voluntad de Dios?

Y no pudo hacer allí ningún milagro. ¿Qué acontecimientos o acciones han fortalecido mi fe? ¿Qué obras o acciones me han hecho más consciente de la obra de Dios en mi vida?

Después de unos momentos de reflexión en silencio, todos recen la Oración del Señor y la siguiente:

Oración final

En ti, Señor, que habitas en lo alto,
fijos los ojos tengo,
como fijan sus ojos en las manos
de su señor, los siervos.

Así como la esclava en su señora
tiene fijos los ojos,
fijos en el Señor están los nuestros,
hasta que Dios se apiade de nosotros.

Ten piedad de nosotros, ten piedad,
porque estamos, Señor, hartos de injurias;
saturados estamos de desprecios,
de insolencias y burlas.

Del Salmo 122

Vivir la Palabra esta semana

¿Cómo puedo convertir mi vida en un don de caridad para los demás?

En oración, considera participar en el proceso para el Rito de Iniciación Cristiana de Adultos como catequista o padrino o madrina.

11 DE JULIO 2021

Lectio Divina para la XV Semana del Tiempo Ordinario

Empecemos nuestra oración:
En el nombre del Padre, y del Hijo, y del Espíritu Santo.
Amén.

Señor Dios, que muestras la luz de tu verdad
a los que andan extraviados
para que puedan volver al buen camino,
concede a cuantos se profesan como cristianos
rechazar lo que sea contrario al nombre que llevan
y cumplir lo que ese nombre significa.
Por nuestro Señor Jesucristo, tu Hijo,
que vive y reina contigo en la unidad del Espíritu Santo
y es Dios por los siglos de los siglos.

Oración colecta, XV Domingo del Tiempo ordinario

Lectura (*Lectio*)

Lee la siguiente Escritura dos o tres veces.

Marcos 6, 7-13

En aquel tiempo, llamó Jesús a los Doce, los envió de dos en dos y les dio poder sobre los espíritus inmundos. Les mandó que no llevaran nada para el camino: ni pan, ni mochila, ni dinero en el cinto, sino únicamente un bastón, sandalias y una sola túnica.

Y les dijo: "Cuando entren en una casa, quédense en ella hasta que se vayan de ese lugar. Si en alguna parte no los reciben ni los escuchan, al abandonar ese lugar, sacúdanse el polvo de los pies, como una advertencia para ellos".

Los discípulos se fueron a predicar el arrepentimiento. Expulsaban a los demonios, ungían con aceite a los enfermos y los curaban.

Meditación (*Meditatio*)

Después de la lectura, toma unos momentos para reflexionar en silencio acerca de una o más de las siguientes preguntas:

- ¿Cuál palabra o palabras en este pasaje captaron tu atención?
- ¿Qué parte en este pasaje te consoló?
- ¿Qué parte en este pasaje te desafió?

Si practicas la lectio divina como familia o en un grupo, luego del tiempo de reflexión, invita a los participantes a compartir sus respuestas.

Oración (*Oratio*)

Lee el pasaje de la Escritura una vez más. Dale al Señor la alabanza, petición y acción de gracias que la Palabra te ha inspirado.

Contemplación (*Contemplatio*)

Lee nuevamente el pasaje de la Escritura, seguida de esta reflexión:

¿Qué conversión de la mente, del corazón y de la vida me pide el Señor?

Llamó Jesús a los Doce, los envió de dos en dos. ¿A dónde me está enviando Dios? ¿Quién debería acompañarme en este camino?

Les mandó que no llevaran nada para el camino … sino únicamente un bastón. ¿Cómo puedo ser buen administrador de mis posesiones? ¿Cómo puedo crecer en el desprendimiento de los bienes materiales?

Si en alguna parte no los reciben ni los escuchan, al abandonar ese lugar, sacúdanse el polvo de los pies, como una advertencia para ellos. ¿En qué momentos no he sentido la bienvenida? ¿En qué momentos he dejado de acoger a alguien?

Después de unos momentos de reflexión en silencio, todos recen la Oración del Señor y la siguiente:

Oración final

Escucharé las palabras del Señor,
palabras de paz para su pueblo santo.
Está ya cerca nuestra salvación
y la gloria del Señor habitará en la tierra.
La misericordia y la verdad se encontraron,
la justicia y la paz se besaron,
la fidelidad brotó en la tierra
y la justicia vino del cielo.

Cuando el Señor nos muestre su bondad,
nuestra tierra producirá su fruto.
La justicia le abrirá camino al Señor
e irá siguiendo sus pisadas.

Del Salmo 84

Vivir la Palabra esta semana

¿Cómo puedo convertir mi vida en un don de caridad para los demás?

Aprende más sobre acoger al forastero visitando la página Justicia para Inmigrantes: *https://justiceforimmigrants.org/*.

18 DE JULIO 2021

Lectio Divina para la XVI Semana del Tiempo Ordinario

Empecemos nuestra oración:
En el nombre del Padre, y del Hijo, y del Espíritu Santo.
Amén.

Sé propicio, Señor, con tus siervos
y multiplica, bondadoso, sobre ellos los dones de tu gracia,
para que, fervorosos en la fe, la esperanza y la caridad,
perseveren siempre fieles en el cumplimiento de tus mandatos.
Por nuestro Señor Jesucristo, tu Hijo,
que vive y reina contigo en la unidad del Espíritu Santo
y es Dios por los siglos de los siglos.

Oración colecta, XVI Domingo del Tiempo ordinario

Lectura (*Lectio*)

Lee la siguiente Escritura dos o tres veces.

Marcos 6, 30-34

En aquel tiempo, los apóstoles volvieron a reunirse con Jesús y le contaron todo lo que habían hecho y enseñado. Entonces él les dijo: "Vengan conmigo a un lugar solitario, para que descansen un poco", porque eran tantos los que iban y venían, que no les dejaban tiempo ni para comer.

Jesús y sus apóstoles se dirigieron en una barca hacia un lugar apartado y tranquilo. La gente los vio irse y los reconoció; entonces de todos los poblados fueron corriendo por tierra a aquel sitio y se les adelantaron.

Cuando Jesús desembarcó, vio una numerosa multitud que lo estaba esperando y se compadeció de ellos, porque andaban como ovejas sin pastor, y se puso a enseñarles muchas cosas.

Meditación (*Meditatio*)

Después de la lectura, toma unos momentos para reflexionar en silencio acerca de una o más de las siguientes preguntas:

- ¿Cuál palabra o palabras en este pasaje captaron tu atención?
- ¿Qué parte en este pasaje te consoló?
- ¿Qué parte en este pasaje te desafió?

Si practicas la lectio divina *como familia o en un grupo, luego del tiempo de reflexión, invita a los participantes a compartir sus respuestas.*

Oración (*Oratio*)

Lee el pasaje de la Escritura una vez más. Dale al Señor la alabanza, petición y acción de gracias que la Palabra te ha inspirado.

Contemplación (*Contemplatio*)

Lee nuevamente el pasaje de la Escritura, seguida de esta reflexión:

 ¿Qué conversión de la mente, del corazón y de la vida me pide el Señor?

Vengan conmigo a un lugar solitario, para que descansen un poco. ¿A dónde puedo ir a orar? ¿Cómo puedo hacer espacio para un descanso santo en mi vida?

No les dejaban tiempo ni para comer. ¿Cómo puedo aprender a controlar mi voluntad? ¿Qué preocupaciones mundanas me distraen de Dios?

Andaban como ovejas sin pastor. ¿En qué momentos me he sentido perdido? ¿Quién me ayudó a encontrar a Dios?

Después de unos momentos de reflexión en silencio, todos recen la Oración del Señor y la siguiente:

Oración final

El Señor es mi pastor, nada me falta:
en verdes praderas me hace reposar
y hacia fuentes tranquilas me conduce
para reparar mis fuerzas.
Por ser un Dios fiel a sus promesas,
me guía por el sendero recto;
así, aunque camine por cañadas oscuras,
nada temo, porque tú estás conmigo.
Tu vara y tu cayado me dan seguridad.

Tú mismo me preparas la mesa,
a despecho de mis adversarios;
me unges la cabeza con perfume,
y llenas mi copa hasta los bordes.

Tu bondad y tu misericordia me acompañarán
todos los días de mi vida;
y viviré en la casa del Señor
por años sin término.

Del Salmo 22

Vivir la Palabra esta semana

¿Cómo puedo convertir mi vida en un don de caridad para los demás?

Ayuna y ora por las intenciones de oración del Santo Padre para este mes.

25 DE JULIO 2021

Lectio Divina para la XVII Semana del Tiempo Ordinario

Empecemos nuestra oración:
En el nombre del Padre, y del Hijo, y del Espíritu Santo.
Amén.

Señor Dios, protector de los que en ti confían,
sin ti, nada es fuerte, ni santo;
multiplica sobre nosotros tu misericordia
para que, bajo tu dirección,
de tal modo nos sirvamos ahora de los bienes pasajeros,
que nuestro corazón esté puesto en los bienes eternos.
Por nuestro Señor Jesucristo, tu Hijo,
que vive y reina contigo en la unidad del Espíritu Santo
y es Dios por los siglos de los siglos.

Oración colecta, XVII Domingo del Tiempo ordinario

Lectura (*Lectio*)

Lee la siguiente Escritura dos o tres veces.

Juan 6, 1-15

En aquel tiempo, Jesús se fue a la otra orilla del
mar de Galilea o lago de Tiberíades. Lo seguía
mucha gente, porque habían visto los signos que hacía
curando a los enfermos. Jesús subió al monte y se
sentó allí con sus discípulos.

Estaba cerca la Pascua, festividad de los judíos. Viendo Jesús que mucha gente lo seguía, le dijo a Felipe: "¿Cómo compraremos pan para que coman éstos?" Le hizo esta pregunta para ponerlo a prueba, pues él bien sabía lo que iba a hacer. Felipe le respondió: "Ni doscientos denarios de pan bastarían para que a cada uno le tocara un pedazo de pan". Otro de sus discípulos, Andrés, el hermano de Simón Pedro, le dijo: "Aquí hay un muchacho que trae cinco panes de cebada y dos pescados. Pero, ¿qué es eso para tanta gente?" Jesús le respondió: "Díganle a la gente que se siente". En aquel lugar había mucha hierba. Todos, pues, se sentaron ahí; y tan sólo los hombres eran unos cinco mil.

Enseguida tomó Jesús los panes, y después de dar gracias a Dios, se los fue repartiendo a los que se habían sentado a comer. Igualmente les fue dando de los pescados todo lo que quisieron. Después de que todos se saciaron, dijo a sus discípulos: "Recojan los pedazos sobrantes, para que no se desperdicien". Los recogieron y con los pedazos que sobraron de los cinco panes llenaron doce canastos.

Entonces la gente, al ver el signo que Jesús había hecho, decía: "Éste es, en verdad, el profeta que habría de venir al mundo". Pero Jesús, sabiendo que iban a llevárselo para proclamarlo rey, se retiró de nuevo a la montaña, él solo.

Meditación (*Meditatio*)

Después de la lectura, toma unos momentos para reflexionar en silencio acerca de una o más de las siguientes preguntas:

- ¿Cuál palabra o palabras en este pasaje captaron tu atención?
- ¿Qué parte en este pasaje te consoló?
- ¿Qué parte en este pasaje te desafió?

Si practicas la lectio divina *como familia o en un grupo, luego del tiempo de reflexión, invita a los participantes a compartir sus respuestas.*

Oración (*Oratio*)

Lee el pasaje de la Escritura una vez más. Dale al Señor la alabanza, petición y acción de gracias que la Palabra te ha inspirado.

Contemplación (*Contemplatio*)

Lee nuevamente el pasaje de la Escritura, seguida de esta reflexión:

 ¿Qué conversión de la mente, del corazón y de la vida me pide el Señor?

 Lo seguía mucha gente, porque habían visto los signos que hacía curando a los enfermos. ¿Por qué sigo a Jesús? ¿Qué espero recibir de él?

¿Qué es eso para tanta gente? ¿En qué momentos he sentido que no estaba haciendo lo suficiente? ¿Cómo puedo responder a las necesidades que veo en el mundo?

Recojan los pedazos sobrantes, para que no se desperdicien. ¿Qué cosas tiendo a desperdiciar? ¿Cómo puedo limitar mi pérdida de tiempo, tesoro y talento?

Después de unos momentos de reflexión en silencio, todos recen la Oración del Señor y la siguiente:

Oración final

Que te alaben, Señor, todas tus obras
y que todos tus fieles te bendigan.
Que proclamen la gloria de tu reino
y den a conocer tus maravillas.

A ti, Señor, sus ojos vuelven todos
y tú los alimentas a su tiempo.

Abres, Señor, tus manos generosas
y cuantos viven quedan satisfechos.

Siempre es justo el Señor en sus designios
y están llenas de amor todas sus obras.
No está lejos de aquellos que lo buscan;
muy cerca está el Señor de quien lo invoca.

Del Salmo 144

Vivir la Palabra esta semana

¿Cómo puedo convertir mi vida en un don de caridad para los demás?

Investiga la inseguridad de alimentos en tu área y dona tiempo, comida o dinero a un banco de alimentos local.

1° DE AGOSTO 2021

Lectio Divina para la XVIII Semana del Tiempo Ordinario

Empecemos nuestra oración:
En el nombre del Padre, y del Hijo, y del Espíritu Santo.
Amén.

Ayuda, Señor, a tus siervos,
que imploran tu continua benevolencia,
y ya que se glorían de tenerte como su creador y su guía,
renueva en ellos tu obra creadora
y consérvales los dones de tu redención.
Por nuestro Señor Jesucristo, tu Hijo,
que vive y reina contigo en la unidad del Espíritu Santo
y es Dios por los siglos de los siglos.

Oración colecta, XVIII Domingo del Tiempo ordinario

Lectura (*Lectio*)

Lee la siguiente Escritura dos o tres veces.

Juan 6, 24-35

En aquel tiempo, cuando la gente vio que en aquella parte del lago no estaban Jesús ni sus discípulos, se embarcaron y fueron a Cafarnaúm para buscar a Jesús.

Al encontrarlo en la otra orilla del lago, le preguntaron: "Maestro, ¿cuándo llegaste acá?" Jesús les contestó: "Yo les aseguro que ustedes no me andan buscando por haber visto señales milagrosas, sino por haber comido de aquellos panes hasta saciarse. No trabajen por ese alimento que se acaba, sino por el alimento que dura para la vida eterna y que les dará el Hijo del hombre; porque a éste, el Padre Dios lo ha marcado con su sello".

Ellos le dijeron: "¿Qué necesitamos para llevar a cabo las obras de Dios?" Respondió Jesús: "La obra de Dios consiste en que crean en aquel a quien él ha enviado". Entonces la gente le preguntó a Jesús: "¿Qué signo vas a realizar tú, para que la veamos y podamos creerte? ¿Cuáles son tus obras? Nuestros padres comieron el maná en el desierto, como está escrito: *Les dio a comer pan del cielo*".

Jesús les respondió: "Yo les aseguro: No fue Moisés quien les dio pan del cielo; es mi Padre quien les da el verdadero pan del cielo. Porque el pan de Dios es aquel que baja del cielo y da la vida al mundo".

Entonces le dijeron: "Señor, danos siempre de ese pan". Jesús les contestó: "Yo soy el pan de la vida. El que viene a mí no tendrá hambre y el que cree en mí nunca tendrá sed".

Meditación (*Meditatio*)

Después de la lectura, toma unos momentos para reflexionar en silencio acerca de una o más de las siguientes preguntas:

- ¿Cuál palabra o palabras en este pasaje captaron tu atención?
- ¿Qué parte en este pasaje te consoló?

- ¿Qué parte en este pasaje te desafió?

Si practicas la lectio divina *como familia o en un grupo, luego del tiempo de reflexión, invita a los participantes a compartir sus respuestas.*

Oración (*Oratio*)

Lee el pasaje de la Escritura una vez más. Dale al Señor la alabanza, petición y acción de gracias que la Palabra te ha inspirado.

Contemplación (*Contemplatio*)

Lee nuevamente el pasaje de la Escritura, seguida de esta reflexión:

 ¿Qué conversión de la mente, del corazón y de la vida me pide el Señor?

 No trabajen por ese alimento que se acaba. ¿Cuáles son los bienes perecederos que ocupan mi tiempo y mi atención? ¿Por qué cosas debería estar trabajando?

¿Qué necesitamos para llevar a cabo las obras de Dios? ¿Qué puedo hacer para alcanzar las obras de Dios? ¿Cómo puedo discernir las tareas a las que me llama Dios?

Es mi Padre quien les da el verdadero pan del cielo. ¿Qué dones espirituales me ha concedido en Padre? ¿Cómo puedo mostrar mi gratitud por esos dones?

Después de unos momentos de reflexión en silencio, todos recen la Oración del Señor y la siguiente:

Oración final

Cuanto hemos escuchado y conocemos
del poder del Señor y de su gloria,
cuanto nos han narrado nuestros padres,
nuestros hijos lo oirán de nuestra boca.

A las nubes mandó desde lo alto
que abrieran las compuertas de los cielos;

hizo llover maná sobre su pueblo,
trigo celeste envió como alimento.

Así el hombre comió pan de los ángeles;
Dios le dio de comer en abundancia
y luego los condujo hasta la tierra
y el monte que su diestra conquistara.

Del Salmo 77

Vivir la Palabra esta semana

¿Cómo puedo convertir mi vida en un don de caridad para los demás?

Mantén un diario de gratitud durante una semana y haz una oración de acción de gracias todas las noches.

8 DE AGOSTO 2021

Lectio Divina para la XIX Semana del Tiempo Ordinario

Empecemos nuestra oración:
En el nombre del Padre, y del Hijo, y del Espíritu Santo.
Amén.

Dios todopoderoso y eterno,
a quien, enseñados por el Espíritu Santo,
invocamos con el nombre de Padre,
intensifica en nuestros corazones
el espíritu de hijos adoptivos tuyos,
para que merezcamos entrar en posesión
de la herencia que nos tienes prometida.
Por nuestro Señor Jesucristo, tu Hijo,
que vive y reina contigo en la unidad del Espíritu Santo
y es Dios por los siglos de los siglos.

Oración colecta, XIX Domingo del Tiempo ordinario

Lectura (*Lectio*)

Lee la siguiente Escritura dos o tres veces.

Juan 6, 41-51

En aquel tiempo, los judíos murmuraban contra Jesús, porque había dicho: "Yo soy el pan vivo que ha bajado del cielo", y decían: "¿No es éste, Jesús, el hijo de José? ¿Acaso no conocemos a su padre y a su madre? ¿Cómo nos dice ahora que ha bajado del cielo?"

Jesús les respondió: "No murmuren. Nadie puede venir a mí, si no lo atrae el Padre, que me ha enviado; y a ése yo lo resucitaré el último día. Está escrito en los profetas: *Todos serán discípulos de Dios.* Todo aquel que escucha al Padre y aprende de él, se acerca a mí. No es que alguien haya visto al Padre, fuera de aquel que procede de Dios. Ese sí ha visto al Padre.

Yo les aseguro: el que cree en mí, tiene vida eterna. Yo soy el pan de la vida. Sus padres comieron el maná en el desierto y, sin embargo, murieron. Éste es el pan que ha bajado del cielo para que, quien lo coma, no muera. Yo soy el pan vivo que ha bajado del cielo; el que coma de este pan vivirá para siempre. Y el pan que yo les voy a dar es mi carne para que el mundo tenga vida".

Meditación (*Meditatio*)

Después de la lectura, toma unos momentos para reflexionar en silencio acerca de una o más de las siguientes preguntas:

- ¿Cuál palabra o palabras en este pasaje captaron tu atención?
- ¿Qué parte en este pasaje te consoló?
- ¿Qué parte en este pasaje te desafió?

Si practicas la lectio divina *como familia o en un grupo, luego del tiempo de reflexión, invita a los participantes a compartir sus respuestas.*

Oración (*Oratio*)

Lee el pasaje de la Escritura una vez más. Dale al Señor la alabanza, petición y acción de gracias que la Palabra te ha inspirado.

Contemplación (*Contemplatio*)

Lee nuevamente el pasaje de la Escritura, seguida de esta reflexión:

 ¿Qué conversión de la mente, del corazón y de la vida me pide el Señor?

 Nadie puede venir a mí, si no lo atrae el Padre.
¿Cómo he experimentado la llamada de Dios?
¿Cómo he respondido a esa llamada?

 Todo aquel que escucha al Padre y aprende de él, se acerca a mí. ¿Cómo puedo estar más atento a la voz del Padre? ¿Cómo puedo aprender de Él?

Y el pan que yo les voy a dar es mi carne para que el mundo tenga vida. ¿Qué efectos tiene la Eucaristía en mi vida? ¿Cómo puedo yo entregarme por el bien del mundo?

Después de unos momentos de reflexión en silencio, todos recen la Oración del Señor y la siguiente:

Oración final

Bendeciré al Señor a todas horas,
no cesará mi boca de alabarlo.
Yo me siento orgulloso del Señor,
que se alegre su pueblo al escucharlo.

Proclamemos la grandeza del Señor
y alabemos todos juntos su poder.
Cuando acudí al Señor, me hizo caso
y me libró de todos mis temores.

Confía en el Señor y saltarás de gusto;
jamás te sentirás decepcionado,
porque el Señor escucha el clamor de los pobres
y los libra de todas sus angustias.

Junto a aquellos que temen al Señor
el ángel del Señor acampa y los protege.

Haz la prueba y verás qué bueno es el Señor.
Dichoso el hombre que se refugia en él.

Del Salmo 33

Vivir la Palabra esta semana

¿Cómo puedo convertir mi vida en un don de caridad para los demás?

Pasa algún tiempo en oración ante el Santísimo Sacramento.

15 DE AGOSTO 2021

Lectio Divina para la Solemnidad de la Asunción de la Bienaventurada Virgen María

Empecemos nuestra oración:
En el nombre del Padre, y del Hijo, y del Espíritu Santo. Amén.

Dios todopoderoso y eterno,
que elevaste a la gloria celestial en cuerpo y alma
a la inmaculada Virgen María, Madre de tu Hijo,
concédenos tender siempre hacia los bienes eternos,
para que merezcamos participar de su misma gloria.
Por nuestro Señor Jesucristo, tu Hijo,
que vive y reina contigo en la unidad del Espíritu Santo
y es Dios por los siglos de los siglos.

Oración colecta, Solemnidad de la Asunción de la Bienaventurada Virgen María, Misa del Día

Lectura (*Lectio*)

Lee la siguiente Escritura dos o tres veces.

Lucas 1, 39-56

En aquellos días, María se encaminó presurosa a un pueblo de las montañas de Judea, y entrando en la casa de Zacarías, saludó a Isabel. En cuanto ésta oyó el saludo de María, la creatura saltó en su seno.

Entonces Isabel quedó llena del Espíritu Santo, y levantando la voz, exclamó: "¡Bendita tú entre las mujeres y bendito el fruto de tu vientre! ¿Quién soy yo para que la madre de mi Señor venga a verme? Apenas llegó tu saludo a mis oídos, el niño saltó de gozo en mi seno. Dichosa tú, que has creído, porque se cumplirá cuanto te fue anunciado de parte del Señor".

Entonces dijo María:
"Mi alma glorifica al Señor
y mi espíritu se llena de júbilo en Dios, mi salvador,
porque *puso sus ojos en la humildad de su esclava.*
Desde ahora me llamarán dichosa todas las generaciones,
porque ha hecho en mí grandes cosas el que todo lo puede.
Santo es su nombre
y su misericordia llega de generación en generación
a los que lo temen.

Ha hecho sentir el poder de su brazo:
dispersó a los de corazón altanero,
destronó a los potentados
y exaltó a los humildes.
A los hambrientos los colmó de bienes
y a los ricos los despidió sin nada.

Acordándose de su misericordia,
vino en ayuda de Israel, su siervo,
como lo había prometido a nuestros padres,
a Abraham y a su descendencia
para siempre".

María permaneció con Isabel unos tres meses, y luego regresó a su casa.

Meditación (*Meditatio*)

Después de la lectura, toma unos momentos para reflexionar en silencio acerca de una o más de las siguientes preguntas:

- ¿Cuál palabra o palabras en este pasaje captaron tu atención?
- ¿Qué parte en este pasaje te consoló?
- ¿Qué parte en este pasaje te desafió?

Si practicas la lectio divina *como familia o en un grupo, luego del tiempo de reflexión, invita a los participantes a compartir sus respuestas.*

Oración (*Oratio*)

Lee el pasaje de la Escritura una vez más. Dale al Señor la alabanza, petición y acción de gracias que la Palabra te ha inspirado.

Contemplación (*Contemplatio*)

Lee nuevamente el pasaje de la Escritura, seguida de esta reflexión:

 ¿Qué conversión de la mente, del corazón y de la vida me pide el Señor?

 El niño saltó de gozo en mi seno. ¿En qué momentos he respondido al Señor con alegría? ¿Cómo puedo compartir la alegría del Evangelio con todas las personas con quienes me encuentre?

Dichosa tú, que has creído, porque se cumplirá cuanto te fue anunciado de parte del Señor". ¿En qué momento cumplió el Señor la promesa que me había hecho? ¿Cómo he experimentado las bendiciones del Señor?

Ha hecho sentir el poder de su brazo. ¿Cómo he visto el poder del Señor obrando en el mundo? ¿Cómo puedo ser testigo del poder de Dios?

Después de unos momentos de reflexión en silencio, todos recen la Oración del Señor y la siguiente:

Oración final

Hijas de reyes salen a tu encuentro.
De pie, a tu derecha, está la reina,
enjoyada con oro de Ofir.

Escucha, hija, mira y pon atención:
olvida a tu pueblo y la casa paterna;
el rey está prendado de tu belleza;
ríndele homenaje, porque él es tu señor.

Entre alegría y regocijo
van entrando en el palacio real.
A cambio de tus padres, tendrás hijos,
que nombrarás príncipes por toda la tierra.

Del Salmo 44

Vivir la Palabra esta semana

¿Cómo puedo convertir mi vida en un don de caridad para los demás?

Reza una década del Rosario (o todo el Rosario) por las necesidades de la Iglesia y del mundo.

22 DE AGOSTO 2021

Lectio Divina para la XXI Semana del Tiempo Ordinario

Empecemos nuestra oración:
En el nombre del Padre, y del Hijo, y del Espíritu Santo.
Amén.

Señor Dios, que unes en un mismo sentir
los corazones de tus fieles,
impulsa a tu pueblo a amar lo que mandas
y a desear lo que prometes,
para que, en medio de la inestabilidad del mundo,
estén firmemente anclados nuestros corazones
donde se halla la verdadera felicidad.
Por nuestro Señor Jesucristo, tu Hijo,
que vive y reina contigo en la unidad del Espíritu Santo
y es Dios por los siglos de los siglos.

Oración colecta, XXI Domingo del Tiempo ordinario

Lectura (*Lectio*)

Lee la siguiente Escritura dos o tres veces.

Juan 6, 55. 60-69

En aquel tiempo, Jesús dijo a los judíos: "Mi carne es verdadera comida y mi sangre es verdadera bebida". Al oír sus palabras, muchos discípulos de Jesús dijeron: "Este modo de hablar es intolerable, ¿quién puede admitir eso?"

Dándose cuenta Jesús de que sus discípulos murmuraban, les dijo: "¿Esto los escandaliza? ¿Qué sería si vieran al Hijo del hombre subir a donde estaba antes? El Espíritu es quien da la vida; la carne para nada aprovecha. Las palabras que les he dicho son espíritu y vida, y a pesar de esto, algunos de ustedes no creen". (En efecto, Jesús sabía desde el principio quiénes no creían y quién lo habría de traicionar). Después añadió: "Por eso les he dicho que nadie puede venir a mí, si el Padre no se lo concede".

Desde entonces, muchos de sus discípulos se echaron para atrás y ya no querían andar con él. Entonces Jesús les dijo a los Doce: "¿También ustedes quieren dejarme?" Simón Pedro le respondió: "Señor, ¿a quién iremos? Tú tienes palabras de vida eterna; y nosotros creemos y sabemos que tú eres el Santo de Dios".

Meditación (*Meditatio*)

Después de la lectura, toma unos momentos para reflexionar en silencio acerca de una o más de las siguientes preguntas:

- ¿Cuál palabra o palabras en este pasaje captaron tu atención?
- ¿Qué parte en este pasaje te consoló?
- ¿Qué parte en este pasaje te desafió?

Si practicas la lectio divina *como familia o en un grupo, luego del tiempo de reflexión, invita a los participantes a compartir sus respuestas.*

Oración (*Oratio*)

Lee el pasaje de la Escritura una vez más. Dale al Señor la alabanza, petición y acción de gracias que la Palabra te ha inspirado.

Contemplación (*Contemplatio*)

Lee nuevamente el pasaje de la Escritura, seguida de esta reflexión:

 ¿Qué conversión de la mente, del corazón y de la vida me pide el Señor?

 Este modo de hablar es intolerable, ¿quién puede admitir eso? ¿Cuáles son las enseñanzas de la Iglesia que me cuesta aceptar? ¿Cómo puedo hacerme más dócil al Espíritu?

 Este modo de hablar es intolerable, ¿quién puede admitir eso? ¿Cuáles son las ocasiones próximas de pecado en mi vida? ¿Cómo las puedo eliminar?

y nosotros creemos y sabemos que tú eres el Santo de Dios. ¿Qué fortalece mi fe? ¿Cómo puedo convencer a los demás de que Jesús es el Santo de Dios?

Después de unos momentos de reflexión en silencio, todos recen la Oración del Señor y la siguiente:

Oración final

Bendeciré al Señor a todas horas,
no cesará mi boca de alabarlo.
Yo me siento orgulloso del Señor,
que se alegre su pueblo al escucharlo.

Los ojos del Señor cuidan al justo,
y a su clamor están atentos sus oídos.
Contra el malvado, en cambio, está el Señor,
para borrar de la tierra su recuerdo.

Escucha el Señor al hombre justo
y lo libra de todas sus congojas.
El Señor no está lejos de sus fieles
y levanta a las almas abatidas.

Muchas tribulaciones pasa el justo,
pero de todos ellas Dios lo libra.
por los huesos del justo vela Dios,

sin dejar que ninguno se le quiebre.
Salva el Señor la vida de sus siervos;
No morirán quienes en él esperan.

Del Salmo 33

Vivir la Palabra esta semana

¿Cómo puedo convertir mi vida en un don de caridad para los demás?

Comienza una lectura orante del *Catecismo de la Iglesia Católica* o *el Catecismo de los Estados Unidos para adultos.*

29 DE AGOSTO 2021

Lectio Divina para la XXII Semana del Tiempo Ordinario

Empecemos nuestra oración:
En el nombre del Padre, y del Hijo, y del Espíritu Santo.
Amén.

Dios de toda virtud,
de quien procede todo lo que es bueno,
infunde en nuestros corazones el amor de tu nombre,
y concede que, haciendo más religiosa nuestra vida,
hagas crecer el bien que hay en nosotros
y lo conserves con solicitud amorosa.
Por nuestro Señor Jesucristo, tu Hijo,
que vive y reina contigo en la unidad del Espíritu Santo
y es Dios por los siglos de los siglos.

Oración colecta, XXII Domingo del Tiempo ordinario

Lectura (*Lectio*)

Lee la siguiente Escritura dos o tres veces.

Marcos 7, 1-8. 14-15. 21-23

En aquel tiempo, se acercaron a Jesús los fariseos y algunos escribas venidos de Jerusalén. Viendo que algunos de los discípulos de Jesús comían con las manos impuras, es decir, sin habérselas lavado, los fariseos y los escribas le preguntaron: "¿Por qué tus discípulos comen con manos impuras y no siguen la tradición de nuestros mayores?" (Los fariseos y los judíos, en general, no comen sin lavarse antes las manos hasta el codo, siguiendo la tradición de sus mayores; al volver del mercado, no comen sin hacer primero las abluciones, y observan muchas otras cosas por tradición, como purificar los vasos, las jarras y las ollas).

Jesús les contestó: "¡Qué bien profetizó Isaías sobre ustedes, hipócritas, cuando escribió: *Este pueblo me honra con los labios, pero su corazón está lejos de mí. Es inútil el culto que me rinden, porque enseñan doctrinas que no son sino preceptos humanos!* Ustedes dejan a un lado el mandamiento de Dios, para aferrarse a las tradiciones de los hombres".

Después, Jesús llamó a la gente y les dijo: "Escúchenme todos y entiéndanme. Nada que entre de fuera puede manchar al hombre; lo que sí lo mancha es lo que sale de dentro; porque del corazón del hombre salen las intenciones malas, las fornicaciones, los robos, los homicidios, los adulterios, las codicias, las injusticias, los fraudes, el desenfreno, las envidias, la difamación, el orgullo y la frivolidad. Todas estas maldades salen de dentro y manchan al hombre".

Meditación (*Meditatio*)

Después de la lectura, toma unos momentos para reflexionar en silencio acerca de una o más de las siguientes preguntas:

- ¿Cuál palabra o palabras en este pasaje captaron tu atención?
- ¿Qué parte en este pasaje te consoló?

- ¿Qué parte en este pasaje te desafió?

Si practicas la lectio divina como familia o en un grupo, luego del tiempo de reflexión, invita a los participantes a compartir sus respuestas.

Oración (*Oratio*)

Lee el pasaje de la Escritura una vez más. Dale al Señor la alabanza, petición y acción de gracias que la Palabra te ha inspirado.

Contemplación (*Contemplatio*)

Lee nuevamente el pasaje de la Escritura, seguida de esta reflexión:

 ¿Qué conversión de la mente, del corazón y de la vida me pide el Señor?

 Y observan muchas otras cosas por tradición. ¿Qué oraciones o devociones tradicionales sustentan mi fe? ¿Qué oraciones o devociones tradicionales debería probar?

Este pueblo me honra con los labios, pero su corazón está lejos de mí. ¿Cuándo he dejado de poner mi fe en acción? ¿Cómo puedo practicar lo que predico?

Todas estas maldades salen de dentro y manchan al hombre. ¿De qué pecado y mal debo purificar mi corazón? ¿Cómo puedo desarrollar un espíritu de penitencia y conversión?

Después de unos momentos de reflexión en silencio, todos recen la Oración del Señor y la siguiente:

Oración final

El hombre que procede honradamente
y obra con justicia;
el que es sincero en sus palabras
y con su lengua a nadie desprestigia.

Quien no hace mal al prójimo
ni difama al vecino;

quien no ve con aprecio a los malvados
pero honra a quienes temen al Altísimo.

Quien presta sin usura
y quien no acepta soborno en perjuicio de inocentes,
ése será agradable
a los ojos de Dios eternamente.

Del Salmo 14

Vivir la Palabra esta semana

¿Cómo puedo convertir mi vida en un don de caridad para los demás?

Haz un buen examen de conciencia y recibe el Sacramento de la Penitencia.

5 DE SEPTIEMBRE 2021

Lectio Divina para la XXIII Semana del Tiempo Ordinario

Empecemos nuestra oración:
En el nombre del Padre, y del Hijo, y del Espíritu Santo.
Amén.

Señor Dios, de quien nos viene la redención
y a quien debemos la filiación adoptiva,
protege con bondad a los hijos que tanto amas,
para que todos los que creemos en Cristo
obtengamos la verdadera libertad
y la herencia eterna.
Por nuestro Señor Jesucristo, tu Hijo,
que vive y reina contigo en la unidad del Espíritu Santo
y es Dios por los siglos de los siglos.

Oración colecta, XXIII Domingo del Tiempo ordinario

Lectura (*Lectio*)

Lee la siguiente Escritura dos o tres veces.

Marcos 7, 31-37

En aquel tiempo, salió Jesús de la región de Tiro
y vino de nuevo, por Sidón, al mar de Galilea,
atravesando la región de Decápolis. Le llevaron
entonces a un hombre sordo y tartamudo, y le
suplicaban que le impusiera las manos. Él lo apartó
a un lado de la gente, le metió los dedos en los oídos

y le tocó la lengua con saliva. Después, mirando al cielo, suspiró y le dijo: "¡Effetá!" (que quiere decir "¡Ábrete!"). Al momento se le abrieron los oídos, se le soltó la traba de la lengua y empezó a hablar sin dificultad.

Él les mandó que no lo dijeran a nadie; pero cuanto más se lo mandaba, ellos con más insistencia lo proclamaban; y todos estaban asombrados y decían: "¡Qué bien lo hace todo! Hace oír a los sordos y hablar a los mudos".

Meditación (*Meditatio*)

Después de la lectura, toma unos momentos para reflexionar en silencio acerca de una o más de las siguientes preguntas:

- ¿Cuál palabra o palabras en este pasaje captaron tu atención?
- ¿Qué parte en este pasaje te consoló?
- ¿Qué parte en este pasaje te desafió?

Si practicas la lectio divina *como familia o en un grupo, luego del tiempo de reflexión, invita a los participantes a compartir sus respuestas.*

Oración (*Oratio*)

Lee el pasaje de la Escritura una vez más. Dale al Señor la alabanza, petición y acción de gracias que la Palabra te ha inspirado.

Contemplación (*Contemplatio*)

Lee nuevamente el pasaje de la Escritura, seguida de esta reflexión:

 ¿Qué conversión de la mente, del corazón y de la vida me pide el Señor?

 Él lo apartó a un lado de la gente. ¿Qué distracciones tengo en la oración? ¿Cómo puedo eliminar esas distracciones?

 "¡Effetá!" (que quiere decir "¡Ábrete!"). ¿Cómo puedo abrirme más a la acción de Dios en mi vida? ¿Cómo puedo estar más abierto a las necesidades de los demás?

¡Qué bien lo hace todo! ¿Qué cosas buenas ha hecho Dios en mi vida? ¿Cómo puedo mostrar mi gratitud por la bondad de Dios?

Después de unos momentos de reflexión en silencio, todos recen la Oración del Señor y la siguiente:

Oración final

El Señor siempre es fiel a su palabra,
y es quien hace justicia al oprimido;
él proporciona pan a los hambrientos
y libera al cautivo.

Abre el Señor los ojos de los ciegos
y alivia al agobiado.
Ama el Señor al hombre justo
y toma al forastero a su cuidado.

A la viuda y al huérfano sustenta
y trastorna los planes del inicuo.
Reina el Señor eternamente,
reina tu Dios, oh Sión, reina por siglos.

Del Salmo 145

Vivir la Palabra esta semana

¿Cómo puedo convertir mi vida en un don de caridad para los demás?

Aprende más sobre la bienvenida de la Iglesia a personas con discapacidades: *http://www.usccb.org/upload/justice-persons-disabilities-bulletin-insert.pdf.*

12 DE SEPTIEMBRE 2021

Lectio Divina para la XXIV Semana del Tiempo Ordinario

Empecemos nuestra oración:
En el nombre del Padre, y del Hijo, y del Espíritu Santo.
Amén.

Señor Dios, creador y soberano de todas las cosas,
vuelve a nosotros tus ojos
y concede que te sirvamos de todo corazón,
para que experimentemos los efectos de tu misericordia.
Por nuestro Señor Jesucristo, tu Hijo,
que vive y reina contigo en la unidad del Espíritu Santo
y es Dios por los siglos de los siglos.

Oración colecta, XXIV Domingo del Tiempo ordinario

Lectura (*Lectio*)

Lee la siguiente Escritura dos o tres veces.

Marcos 8, 27-35

En aquel tiempo, Jesús y sus discípulos se dirigieron a los poblados de Cesarea de Filipo. Por el camino les hizo esta pregunta: "¿Quién dice la gente que soy yo?" Ellos le contestaron: "Algunos dicen que eres Juan el Bautista; otros, que Elías; y otros, que alguno de los profetas".

Entonces él les preguntó: "Y ustedes ¿quién dicen que soy yo?" Pedro le respondió: "Tú eres el Mesías". Y él les ordenó que no se lo dijeran a nadie.

Luego se puso a explicarles que era necesario que el Hijo del hombre padeciera mucho, que fuera rechazado por los ancianos, los sumos sacerdotes y los escribas, que fuera entregado a la muerte y resucitara al tercer día.

Todo esto lo dijo con entera claridad. Entonces Pedro se lo llevó aparte y trataba de disuadirlo. Jesús se volvió, y mirando a sus discípulos, reprendió a Pedro con estas palabras: "¡Apártate de mí, Satanás! Porque tú no juzgas según Dios, sino según los hombres".

Después llamó a la multitud y a sus discípulos, y les dijo: "El que quiera venir conmigo, que renuncie a sí mismo, que cargue con su cruz y que me siga. Pues el que quiera salvar su vida, la perderá; pero el que pierda su vida por mí y por el Evangelio, la salvará".

Meditación (*Meditatio*)

Después de la lectura, toma unos momentos para reflexionar en silencio acerca de una o más de las siguientes preguntas:

- ¿Cuál palabra o palabras en este pasaje captaron tu atención?
- ¿Qué parte en este pasaje te consoló?
- ¿Qué parte en este pasaje te desafió?

Si practicas la lectio divina *como familia o en un grupo, luego del tiempo de reflexión, invita a los participantes a compartir sus respuestas.*

Oración (*Oratio*)

Lee el pasaje de la Escritura una vez más. Dale al Señor la alabanza, petición y acción de gracias que la Palabra te ha inspirado.

Contemplación (*Contemplatio*)

Lee nuevamente el pasaje de la Escritura, seguida de esta reflexión:

 ¿Qué conversión de la mente, del corazón y de la vida me pide el Señor?

 Y ustedes ¿quién dicen que soy yo? ¿Cómo describiría a Jesús para alguien que me pregunte sobre él? ¿Cómo acompaño a otros en su relación con Jesús?

 Porque tú no juzgas según Dios, sino según los hombres. ¿En qué momentos he tomado decisiones basadas en los valores del mundo en lugar de en los valores de Dios? ¿Cómo puedo aprender a pensar con la mente de Dios?

El que quiera venir conmigo, que renuncie a sí mismo, que cargue con su cruz y que me siga. ¿Qué cruz necesito tomar hoy? ¿Cómo me puede ayudar el cargar con esta cruz a seguir a Jesús más de cerca?

Después de unos momentos de reflexión en silencio, todos recen la Oración del Señor y la siguiente:

Oración final

Amo al Señor porque escucha
el clamor de mi plegaria,
porque me prestó atención
cuando mi voz lo llamaba.

Redes de angustia y de muerte
me alcanzaron y me ahogaban.

Entonces rogué al Señor
que la vida me salvara.

El Señor es benigno y justo,
nuestro Dios es compasivo.
A mí, débil, me salvó
y protege a los sencillos.

Mi alma libró de la muerte;
del llanto los ojos míos,
y ha evitado que mis pies
tropiecen por el camino.
Caminaré ante el Señor
por la tierra de los vivos.

Del Salmo 114

Vivir la Palabra esta semana

¿Cómo puedo convertir mi vida en un don de caridad para los demás?

Ayuna de comida u otro placer y ofrece tu sacrificio por quienes son perseguidos por su fe.

14 DE SEPTIEMBRE 2021

Lectio Divina para la Fiesta de la Exaltación de la
Santa Cruz

Empecemos nuestra oración:
En el nombre del Padre, y del Hijo, y del Espíritu Santo.
Amén.

Señor Dios, que quisiste que tu Unigénito
sufriera la cruz para salvar al género humano,
concédenos que, quienes conocimos su misterio en la tierra,
merezcamos alcanzar en el cielo el premio de su redención.
Por nuestro Señor Jesucristo, tu Hijo,
que vive y reina contigo en la unidad del Espíritu Santo
y es Dios por los siglos de los siglos.

Oración colecta, Fiesta de la Exaltación de la Santa Cruz

Lectura (*Lectio*)

Lee la siguiente Escritura dos o tres veces.

Juan 3, 13-17

En aquel tiempo, Jesús dijo a Nicodemo: "Nadie ha subido al cielo sino el Hijo del hombre, que bajó del cielo y está en el cielo. Así como Moisés levantó la serpiente en el desierto, así tiene que ser levantado el Hijo del hombre, para que todo el que crea en él tenga vida eterna.

Porque tanto amó Dios al mundo, que le entregó a su Hijo único, para que todo el que crea en él no perezca, sino que tenga vida eterna. Porque Dios no envió a su Hijo para condenar al mundo, sino para que el mundo se salvara por él".

Meditación (*Meditatio*)

Después de la lectura, toma unos momentos para reflexionar en silencio acerca de una o más de las siguientes preguntas:

- ¿Cuál palabra o palabras en este pasaje captaron tu atención?
- ¿Qué parte en este pasaje te consoló?
- ¿Qué parte en este pasaje te desafió?

Si practicas la lectio divina *como familia o en un grupo, luego del tiempo de reflexión, invita a los participantes a compartir sus respuestas.*

Oración (*Oratio*)

Lee el pasaje de la Escritura una vez más. Dale al Señor la alabanza, petición y acción de gracias que la Palabra te ha inspirado.

Contemplación (*Contemplatio*)

Lee nuevamente el pasaje de la Escritura, seguida de esta reflexión:

 ¿Qué conversión de la mente, del corazón y de la vida me pide el Señor?

Nadie ha subido al cielo sino el Hijo del hombre, que bajó del cielo y está en el cielo. ¿En qué espero? ¿Cómo me sostiene en mis luchas diarias la esperanza en el cielo?

Así tiene que ser levantado el Hijo del hombre, para que todo el que crea en él tenga vida eterna. ¿Qué personas o experiencias "han levantado" mi fe? ¿Cómo puedo yo elevar a las personas con quienes me encuentro?

Porque Dios no envió a su Hijo para condenar al mundo, sino para que el mundo se salvara por él. ¿Cómo condeno al mundo a través de mis palabras o acciones? ¿Cómo puedo ayudar a ser parte de la solución de los problemas que veo?

Después de unos momentos de reflexión en silencio, todos recen la Oración del Señor y la siguiente:

Oración final

Escucha, pueblo mío, mi enseñanza;
presten oído a las palabras de mi boca.
Abriré mi boca y les hablaré en parábolas;
anunciaré lo que estaba oculto desde la creación del mundo.

Cuando Dios los hacía morir, lo buscaban,
y madrugaban para volverse hacia él.
Se acordaban de que Dios era su auxilio;
el Dios altísimo, su redentor.

Lo adulaban con sus bocas,
le mentían con su lengua;
su corazón no era sincero con él,
ni eran fieles a su alianza.

Pero él sentía lástima de ellos,
les perdonaba su culpa y no los destruía.
Muchas veces dominó su ira
y apagó el furor de su cólera.

Del Salmo 77

Vivir la Palabra esta semana

¿Cómo puedo convertir mi vida en un don de caridad para los demás?

Coloca un crucifijo en un lugar señalado de tu casa y pasa algún tiempo ante él, orando por las necesidades del mundo.

19 DE SEPTIEMBRE 2021

Lectio Divina para la XXV Semana del Tiempo Ordinario

Empecemos nuestra oración:
En el nombre del Padre, y del Hijo, y del Espíritu Santo.
Amén.

Señor Dios, que has hecho del amor a ti y a los hermanos
la plenitud de todo lo mandado en tu santa ley,
concédenos que, cumpliendo tus mandamientos,
merezcamos llegar a la vida eterna.
Por nuestro Señor Jesucristo, tu Hijo,
que vive y reina contigo en la unidad del Espíritu Santo
y es Dios por los siglos de los siglos.

Oración colecta, XXV Domingo del Tiempo ordinario

Lectura (*Lectio*)

Lee la siguiente Escritura dos o tres veces.

Marcos 9, 30-37

En aquel tiempo, Jesús y sus discípulos atravesaban
Galilea, pero él no quería que nadie lo supiera,
porque iba enseñando a sus discípulos. Les decía:
"El Hijo del hombre va a ser entregado en manos de
los hombres; le darán muerte, y tres días después de
muerto, resucitará". Pero ellos no entendían aquellas
palabras y tenían miedo de pedir explicaciones.

Llegaron a Cafarnaúm, y una vez en casa, les preguntó: "¿De qué discutían por el camino?" Pero ellos se quedaron callados, porque en el camino habían discutido sobre quién de ellos era el más importante. Entonces Jesús se sentó, llamó a los Doce y les dijo: "Si alguno quiere ser el primero, que sea el último de todos y el servidor de todos".

Después, tomando a un niño, lo puso en medio de ellos, lo abrazó y les dijo: "El que reciba en mi nombre a uno de estos niños, a mí me recibe. Y el que me reciba a mí, no me recibe a mí, sino a aquel que me ha enviado".

Meditación (*Meditatio*)

Después de la lectura, toma unos momentos para reflexionar en silencio acerca de una o más de las siguientes preguntas:

- ¿Cuál palabra o palabras en este pasaje captaron tu atención?
- ¿Qué parte en este pasaje te consoló?
- ¿Qué parte en este pasaje te desafió?

Si practicas la lectio divina *como familia o en un grupo, luego del tiempo de reflexión, invita a los participantes a compartir sus respuestas.*

Oración (*Oratio*)

Lee el pasaje de la Escritura una vez más. Dale al Señor la alabanza, petición y acción de gracias que la Palabra te ha inspirado.

Contemplación (*Contemplatio*)

Lee nuevamente el pasaje de la Escritura, seguida de esta reflexión:

 ¿Qué conversión de la mente, del corazón y de la vida me pide el Señor?

 Pero ellos no entendían aquellas palabras y tenían miedo de pedir explicaciones. ¿Qué clase de preguntas tengo miedo de hacer? ¿A quién puedo confiar mis preguntas sobre la fe?

 Si alguno quiere ser el primero, que sea el último de todos y el servidor de todos. ¿De qué modos he sido egoísta en esta semana? ¿Cómo puedo servir a mis hermanos y hermanas?

Y el que me reciba a mí, no me recibe a mí, sino a aquel que me ha enviado. ¿A quién no he recibido? ¿Cómo puedo abrir mi corazón y mi vida a quienes me necesitan?

Después de unos momentos de reflexión en silencio, todos recen la Oración del Señor y la siguiente:

Oración final

Sálvame, Dios mío, por tu nombre,
con tu poder defiéndeme.
Escucha, Señor, mi oración,
y a mis palabras atiende.

Gente arrogante y violenta
contra mí se ha levantado,
Andan queriendo matarme.
¡Dios los tiene sin cuidado!

Pero el Señor Dios es mi ayuda,
él, quien me mantiene vivo.
Por eso te ofreceré
con agrado un sacrificio,
y te agradeceré, Señor,
tu inmensa bondad conmigo.

Del Salmo 54

Vivir la Palabra esta semana

¿Cómo puedo convertir mi vida en un don de caridad para los demás?

Averigua más sobre el ofrecer ambientes seguros para niños y jóvenes. (*https://www.usccb.org/offices/child-and-youth-protection/ ten-points-create-safe-environments-children*) y reza el Rosario de sanación y protección: *http://www.usccb.org/issues-and-action/ child-and-youth-protection/resources/upload/Rosary-for-Healing-Spanish-2.pdf.*

26 DE SEPTIEMBRE 2021

Lectio Divina para la XXVI Semana del Tiempo Ordinario

Empecemos nuestra oración:
En el nombre del Padre, y del Hijo, y del Espíritu Santo.
Amén.

Señor Dios, que manifiestas tu poder de una manera
   admirable
sobre todo cuando perdonas y ejerces tu misericordia,
multiplica tu gracia sobre nosotros,
para que, apresurándonos hacia lo que nos prometes,
nos hagas partícipes de los bienes celestiales.
Por nuestro Señor Jesucristo, tu Hijo,
que vive y reina contigo en la unidad del Espíritu Santo
y es Dios por los siglos de los siglos.

Oración colecta, XXVI Domingo del Tiempo ordinario

Lectura (*Lectio*)

Lee la siguiente Escritura dos o tres veces.

Marcos 9, 38-43. 45. 47-48

En aquel tiempo, Juan le dijo a Jesús: "Hemos visto a uno que expulsaba a los demonios en tu nombre, y como no es de los nuestros, se lo prohibimos". Pero Jesús le respondió: "No se lo prohíban, porque no hay ninguno que haga milagros en mi nombre, que luego sea capaz de hablar mal de mí. Todo aquel que no está contra nosotros, está a nuestro favor.

Todo aquel que les dé a beber un vaso de agua por el hecho de que son de Cristo, les aseguro que no se quedará sin recompensa.

Al que sea ocasión de pecado para esta gente sencilla que cree en mí, más le valdría que le pusieran al cuello una de esas enormes piedras de molino y lo arrojaran al mar.

Si tu mano te es ocasión de pecado, córtatela; pues más te vale entrar manco en la vida eterna, que ir con tus dos manos al lugar de castigo, al fuego que no se apaga. Y si tu pie te es ocasión de pecado, córtatelo; pues más te vale entrar cojo en la vida eterna, que con tus dos pies ser arrojado al lugar de castigo. Y si tu ojo te es ocasión de pecado, sácatelo; pues más te vale entrar tuerto en el Reino de Dios, que ser arrojado con tus dos ojos al lugar de castigo, *donde el gusano no muere y el fuego no se apaga"*.

Meditación (*Meditatio*)

Después de la lectura, toma unos momentos para reflexionar en silencio acerca de una o más de las siguientes preguntas:

- ¿Cuál palabra o palabras en este pasaje captaron tu atención?
- ¿Qué parte en este pasaje te consoló?
- ¿Qué parte en este pasaje te desafió?

Si practicas la lectio divina *como familia o en un grupo, luego del tiempo de reflexión, invita a los participantes a compartir sus respuestas.*

Oración (*Oratio*)

Lee el pasaje de la Escritura una vez más. Dale al Señor la alabanza, petición y acción de gracias que la Palabra te ha inspirado.

Contemplación (*Contemplatio*)

Lee nuevamente el pasaje de la Escritura, seguida de esta reflexión:

 ¿Qué conversión de la mente, del corazón y de la vida me pide el Señor?

 Y como no es de los nuestros, se lo prohibimos. ¿En qué momentos han dificultado a alguien mis palabras y acciones su seguimiento de Jesús? ¿De qué modos he dañado la unidad de mi familia o iglesia?

 Todo aquel que no está contra nosotros, está a nuestro favor. ¿Como puedo luchar contra el prejuicio en mi propio corazón y mente? ¿Y en mi comunidad?

Whoever causes one of these little ones who believe in me to sin. ¿Cuándo he sido ocasión de pecado para otros? ¿Cómo puedo dar mejor ejemplo, especialmente a quienes son jóvenes, o están recién llegados a la fe?

Después de unos momentos de reflexión en silencio, todos recen la Oración del Señor y la siguiente:

Oración final

La ley del Señor es perfecta de todo
y reconforta el alma;
inmutables son las palabras del Señor
y hacen sabio al sencillo.

La voluntad de Dios es santa
y para siempre estable;
los mandamientos del Señor son verdaderos
y enteramente justos.

Aunque tu servidor es esmera
En cumplir tus preceptos con cuidado,
¿quién no falta, Señor, sin advertirlo?
Perdona mis errores ignorados.

Presérvame, Señor, de la soberbia,
no dejes que el orgullo me domine;

así, del gran pecado
tu servidor podrá encontrarse libre.

Del Salmo 18

Vivir la Palabra esta semana

¿Cómo puedo convertir mi vida en un don de caridad para los demás?

Piensa cómo puedes apoyar a la misión de la Iglesia a través de la campaña de Catholic Home Missions, o del apoyo a las Obras Misionales Pontificias.

3 DE OCTUBRE 2021

Lectio Divina para la XXVII Semana del Tiempo Ordinario

Empecemos nuestra oración:
En el nombre del Padre, y del Hijo, y del Espíritu Santo.
Amén.

Dios todopoderoso y eterno,
que en la superabundancia de tu amor
sobrepasas los méritos y aun los deseos de los que te suplican,
derrama sobre nosotros tu misericordia
para que libres nuestra conciencia de toda inquietud
y nos concedas aun aquello que no nos atrevemos a pedir.
Por nuestro Señor Jesucristo, tu Hijo,
que vive y reina contigo en la unidad del Espíritu Santo
y es Dios por los siglos de los siglos.

Oración colecta, XXVII Domingo del Tiempo ordinario

Lectura (*Lectio*)

Lee la siguiente Escritura dos o tres veces.

Marcos 10, 2-16

En aquel tiempo, se acercaron a Jesús unos fariseos y le preguntaron, para ponerlo a prueba: "¿Le es lícito a un hombre divorciarse de su esposa?"

Él les respondió: "¿Qué les prescribió Moisés?"
Ellos contestaron: "Moisés nos permitió el divorcio

mediante la entrega de un acta de divorcio a la esposa". Jesús les dijo: "Moisés prescribió esto, debido a la dureza del corazón de ustedes. Pero desde el principio, al crearlos, Dios los hizo hombre y mujer. *Por eso dejará el hombre a su padre y a su madre y se unirá a su esposa y serán los dos una sola cosa.* De modo que ya no son dos, sino una sola cosa. Por eso, lo que Dios unió, que no lo separe el hombre".

Ya en casa, los discípulos le volvieron a preguntar sobre el asunto. Jesús les dijo: "Si uno se divorcia de su esposa y se casa con otra, comete adulterio contra la primera. Y si ella se divorcia de su marido y se casa con otro, comete adulterio".

Después de esto, la gente le llevó a Jesús unos niños para que los tocara, pero los discípulos trataban de impedirlo.

Al ver aquello, Jesús se disgustó y les dijo: "Dejen que los niños se acerquen a mí y no se lo impidan, porque el Reino de Dios es de los que son como ellos. Les aseguro que el que no reciba el Reino de Dios como un niño, no entrará en él".

Después tomó en brazos a los niños y los bendijo imponiéndoles las manos.

Meditación (*Meditatio*)

Después de la lectura, toma unos momentos para reflexionar en silencio acerca de una o más de las siguientes preguntas:

- ¿Cuál palabra o palabras en este pasaje captaron tu atención?

- ¿Qué parte en este pasaje te consoló?
- ¿Qué parte en este pasaje te desafió?

Si practicas la lectio divina *como familia o en un grupo, luego del tiempo de reflexión, invita a los participantes a compartir sus respuestas.*

Oración (*Oratio*)

Lee el pasaje de la Escritura una vez más. Dale al Señor la alabanza, petición y acción de gracias que la Palabra te ha inspirado.

Contemplación (*Contemplatio*)

Lee nuevamente el pasaje de la Escritura, seguida de esta reflexión:

 ¿Qué conversión de la mente, del corazón y de la vida me pide el Señor?

 Moisés prescribió esto, debido a la dureza del corazón de ustedes. ¿En qué momentos he endurecido el corazón al amor de Dios? ¿Cómo puedo ablandar mi corazón y ser más dócil a los mandamientos de Dios?

Por eso, lo que Dios unió, que no lo separe el hombre. ¿En qué momentos he sido un instrumento de división? ¿En qué momentos he sido un instrumento de unidad?

Les aseguro que el que no reciba el Reino de Dios como un niño, no entrará en él. ¿Qué significa aceptar el reino de Dios como un niño? ¿Cómo puedo hacerme más como niño en respuesta al amor de Dios?

Después de unos momentos de reflexión en silencio, todos recen la Oración del Señor y la siguiente:

Oración final

Dichoso el que teme al Señor
y sigue sus caminos:
Comerá del fruto de su trabajo,
será dichoso, le irá bien.

Su mujer, como vid fecunda,
en medio de su casa;
sus hijos, como renuevos de olivo,
alrededor de tu mesa.

Esta es la bendición del hombre que teme al Señor:
"Que el Señor te bendiga desde Sión,
que veas la prosperidad de Jerusalén
todos los días de tu vida".
Que veas a los hijos de tus hijos.
¡Paz a Israel!

Del Salmo 127

Vivir la Palabra esta semana

¿Cómo puedo convertir mi vida en un don de caridad para los demás?

Piensa en oración en modos de apoyar el ministerio de tu parroquia para con parejas casadas y aquellos que se preparan para el matrimonio.

10 DE OCTUBRE 2021
Lectio Divina para la XXVIII Semana del Tiempo Ordinario

Empecemos nuestra oración:
En el nombre del Padre, y del Hijo, y del Espíritu Santo.
Amén.

Te pedimos, Señor, que tu gracia
continuamente nos disponga y nos acompañe,
de manera que estemos siempre dispuestos a obrar el bien.
Por nuestro Señor Jesucristo, tu Hijo,
que vive y reina contigo en la unidad del Espíritu Santo
y es Dios por los siglos de los siglos.

Oración colecta, XXVIII Domingo del Tiempo ordinario

Lectura (*Lectio*)

Lee la siguiente Escritura dos o tres veces.

Marcos 10, 17-30

En aquel tiempo, cuando salía Jesús al camino, se le acercó corriendo un hombre, se arrodilló ante él y le preguntó: "Maestro bueno, ¿qué debo hacer para alcanzar la vida eterna?" Jesús le contestó: "¿Por qué me llamas bueno? Nadie es bueno sino sólo Dios. Ya sabes los mandamientos: *No matarás, no cometerás adulterio, no robarás, no levantarás falso testimonio, no cometerás fraudes, honrarás a tu padre y a tu madre*".

Entonces él le contestó: "Maestro, todo eso lo he cumplido desde muy joven". Jesús lo miró con amor y le dijo: "Sólo una cosa te falta: Ve y vende lo que tienes, da el dinero a los pobres y así tendrás un tesoro en los cielos. Después, ven y sígueme". Pero al oír estas palabras, el hombre se entristeció y se fue apesadumbrado, porque tenía muchos bienes.

Jesús, mirando a su alrededor, dijo entonces a sus discípulos: "¡Qué difícil les va a ser a los ricos entrar en el Reino de Dios!" Los discípulos quedaron sorprendidos ante estas palabras; pero Jesús insistió: "Hijitos, ¡qué difícil es para los que confían en las riquezas, entrar en el Reino de Dios! Más fácil le es a un camello pasar por el ojo de una aguja, que a un rico entrar en el Reino de Dios".

Ellos se asombraron todavía más y comentaban entre sí: "Entonces, ¿quién puede salvarse?" Jesús, mirándolos fijamente, les dijo: "Es imposible para los hombres, mas no para Dios. Para Dios todo es posible".

Entonces Pedro le dijo a Jesús: "Señor, ya ves que nosotros lo hemos dejado todo para seguirte".

Jesús le respondió: "Yo les aseguro: Nadie que haya dejado casa, o hermanos o hermanas, o padre o madre, o hijos o tierras, por mí y por el Evangelio, dejará de recibir, en esta vida, el ciento por uno en casas, hermanos, hermanas, madres, hijos y tierras, junto con persecuciones, y en el otro mundo, la vida eterna".

Meditación (*Meditatio*)

Después de la lectura, toma unos momentos para reflexionar en silencio acerca de una o más de las siguientes preguntas:

- ¿Cuál palabra o palabras en este pasaje captaron tu atención?
- ¿Qué parte en este pasaje te consoló?
- ¿Qué parte en este pasaje te desafió?

Si practicas la lectio divina *como familia o en un grupo, luego del tiempo de reflexión, invita a los participantes a compartir sus respuestas.*

Oración (*Oratio*)

Lee el pasaje de la Escritura una vez más. Dale al Señor la alabanza, petición y acción de gracias que la Palabra te ha inspirado.

Contemplación (*Contemplatio*)

Lee nuevamente el pasaje de la Escritura, seguida de esta reflexión:

 ¿Qué conversión de la mente, del corazón y de la vida me pide el Señor?

 Maestro bueno, ¿qué debo hacer para alcanzar la vida eterna? ¿Cómo puedo llegar a conocer lo que

enseña Jesús? ¿Qué puedo hacer esta semana para acercarme más a Dios y a la vida eterna a la que Dios me llama?

Ve y vende lo que tienes, da el dinero a los pobres y así tendrás un tesoro en los cielos. ¿Qué cosas valoro más? ¿Qué hago para ayudar a los pobres y cambiar su situación?

¡Qué difícil les va a ser a los ricos entrar en el Reino de Dios! ¿Qué obstáculos me impiden abrazar el reino de Dios? ¿Cómo puedo eliminar esos obstáculos?

Después de unos momentos de reflexión en silencio, todos recen la Oración del Señor y la siguiente:

Oración final

Enséñanos a ver lo que es la vida,
y seremos sensatos.
¿Hasta cuándo, Señor, vas a temer
compasión de tus siervos? ¿Hasta cuándo?

Llénanos de tu amor por la mañana
y júbilo será la vida toda.
Alégranos ahora por los días
y los años de males y congojas.

Haz, Señor, que tus siervos y sus hijos
puedan mirar tus obras y tu gloria.
Que el Señor bondadoso nos ayude
y dé prosperidad a nuestras obras.

Del Salmo 89

Vivir la Palabra esta semana

¿Cómo puedo convertir mi vida en un don de caridad para los demás?

Renuncia a una compra innecesaria u a otro gasto y da el dinero a los pobres.

17 DE OCTUBRE 2021

Lectio Divina para la XXIX Semana del Tiempo Ordinario

Empecemos nuestra oración:
En el nombre del Padre, y del Hijo, y del Espíritu Santo.
Amén.

Dios todopoderoso y eterno,
haz que nuestra voluntad sea siempre dócil a la tuya
y que te sirvamos con un corazón sincero.
Por nuestro Señor Jesucristo, tu Hijo,
que vive y reina contigo en la unidad del Espíritu Santo
y es Dios por los siglos de los siglos.

Oración colecta, XXIX Domingo del Tiempo ordinario

Lectura (*Lectio*)

Lee la siguiente Escritura dos o tres veces.

Marcos 10, 35-45

En aquel tiempo, se acercaron a Jesús Santiago y Juan, los hijos de Zebedeo, y le dijeron: "Maestro, queremos que nos concedas lo que vamos a pedirte". Él les dijo: "¿Qué es lo que desean?" Le respondieron: "Concede que nos sentemos uno a tu derecha y otro a tu izquierda, cuando estés en tu gloria". Jesús les replicó: "No saben lo que piden. ¿Podrán pasar la prueba que yo voy a pasar y recibir el bautismo con que seré bautizado?" Le respondieron: "Sí podemos".

Y Jesús les dijo: "Ciertamente pasarán la prueba que yo voy a pasar y recibirán el bautismo con que yo seré bautizado; pero eso de sentarse a mi derecha o a mi izquierda no me toca a mí concederlo; eso es para quienes está reservado".

Cuando los otros diez apóstoles oyeron esto, se indignaron contra Santiago y Juan. Jesús reunió entonces a los Doce y les dijo: "Ya saben que los jefes de las naciones las gobiernan como si fueran sus dueños y los poderosos las oprimen. Pero no debe ser así entre ustedes. Al contrario: el que quiera ser grande entre ustedes que sea su servidor, y el que quiera ser el primero, que sea el esclavo de todos, así como el Hijo del hombre, que no ha venido a que lo sirvan, sino a servir y a dar su vida por la redención de todos".

Meditación (*Meditatio*)

Después de la lectura, toma unos momentos para reflexionar en silencio acerca de una o más de las siguientes preguntas:

- ¿Cuál palabra o palabras en este pasaje captaron tu atención?
- ¿Qué parte en este pasaje te consoló?
- ¿Qué parte en este pasaje te desafió?

Si practicas la lectio divina *como familia o en un grupo, luego del tiempo de reflexión, invita a los participantes a compartir sus respuestas.*

Oración (*Oratio*)

Lee el pasaje de la Escritura una vez más. Dale al Señor la alabanza, petición y acción de gracias que la Palabra te ha inspirado.

Contemplación (*Contemplatio*)

Lee nuevamente el pasaje de la Escritura, seguida de esta reflexión:

 ¿Qué conversión de la mente, del corazón y de la vida me pide el Señor?

 ¿Qué es lo que desean? ¿Qué quiero que Dios haga por mí? ¿Qué necesidades debería presentar a Dios en oración?

 Ciertamente pasarán la prueba que yo voy a pasar. ¿A qué sufrimientos y desafíos me enfrento? ¿Cómo puedo entregar mi vida por los demás?

Así como el Hijo del hombre, que no ha venido a que lo sirvan, sino a servir y a dar su vida por la redención de todos. ¿Qué he hecho esta semana para servir a los necesitados? ¿Qué me impide servir a Dios de todo corazón?

Después de unos momentos de reflexión en silencio, todos recen la Oración del Señor y la siguiente:

Oración final

Sincera es la palabra del Señor
y todas sus acciones son leales.
Él ama la justicia y el derecho,
la tierra llena está de sus bondades.

Cuida el Señor de aquellos que lo temen
y en su bondad confían;
los salva de la muerte
y en épocas de hambre les da vida.

En el Señor está nuestra esperanza,
pues él es nuestra ayuda y nuestro amparo.
Muéstrate bondadoso con nosotros,
puesto que en ti, Señor, hemos confiado.

Del Salmo 32

Vivir la Palabra esta semana

¿Cómo puedo convertir mi vida en un don de caridad para los demás?

Ora por los diáconos en su ministerio de palabra y caridad.

24 DE OCTUBRE 2021

Lectio Divina para la XXX Semana del Tiempo Ordinario

Empecemos nuestra oración:
En el nombre del Padre, y del Hijo, y del Espíritu Santo.
Amén.

Dios todopoderoso y eterno,
aumenta en nosotros la fe, la esperanza y la caridad,
y para que merezcamos alcanzar lo que nos prometes,
concédenos amar lo que nos mandas.
Por nuestro Señor Jesucristo, tu Hijo,
que vive y reina contigo en la unidad del Espíritu Santo
y es Dios por los siglos de los siglos.

Oración colecta, XXX Domingo del Tiempo ordinario

Lectura (*Lectio*)

Lee la siguiente Escritura dos o tres veces.

Marcos 10, 46-52

En aquel tiempo, al salir Jesús de Jericó en compañía de sus discípulos y de mucha gente, un ciego, llamado Bartimeo, se hallaba sentado al borde del camino pidiendo limosna. Al oír que el que pasaba era Jesús Nazareno, comenzó a gritar: "¡Jesús, hijo de David, ten compasión de mí!" Muchos lo reprendían para que se callara, pero él seguía gritando todavía más fuerte: "¡Hijo de David, ten compasión de mí!".

Jesús se detuvo entonces y dijo: "Llámenlo". Y llamaron al ciego, diciéndole: "¡Ánimo! Levántate, porque él te llama". El ciego tiró su manto; de un salto se puso en pie y se acercó a Jesús. Entonces le dijo Jesús: "¿Qué quieres que haga por ti?" El ciego le contestó: "Maestro, que pueda ver". Jesús le dijo: "Vete; tu fe te ha salvado". Al momento recobró la vista y comenzó a seguirlo por el camino.

Meditación (*Meditatio*)

Después de la lectura, toma unos momentos para reflexionar en silencio acerca de una o más de las siguientes preguntas:

- ¿Cuál palabra o palabras en este pasaje captaron tu atención?
- ¿Qué parte en este pasaje te consoló?
- ¿Qué parte en este pasaje te desafió?

Si practicas la lectio divina *como familia o en un grupo, luego del tiempo de reflexión, invita a los participantes a compartir sus respuestas.*

Oración (*Oratio*)

Lee el pasaje de la Escritura una vez más. Dale al Señor la alabanza, petición y acción de gracias que la Palabra te ha inspirado.

Contemplación (*Contemplatio*)

Lee nuevamente el pasaje de la Escritura, seguida de esta reflexión:

¿Qué conversión de la mente, del corazón y de la vida me pide el Señor?

Muchos lo reprendían para que se callara. ¿En algún momento he sido ridiculizado por mi fe? ¿Qué me tienta a abandonar mi fe?

El ciego tiró su manto; de un salto se puso en pie y se acercó a Jesús. ¿Cómo he encontrado a Jesús en esta semana? ¿Qué apegos pecaminosos tengo que descartar para seguir a Jesús más cercanamente?

Al momento recobró la vista y comenzó a seguirlo por el camino. ¿Cómo puedo ver las cosas más claramente en Jesús? ¿Cómo puedo seguir a Jesús más de cerca en el camino?

Después de unos momentos de reflexión en silencio, todos recen la Oración del Señor y la siguiente:

Oración final

Cuando el Señor nos hizo volver del cautiverio,
creíamos soñar;
entonces no cesaba de reír nuestra boca
ni se cansaba entonces la lengua de cantar.

Aun los mismos paganos con asombro decían:
"¡Grandes cosas ha hecho por ellos el Señor!"
Y estábamos alegres,
pues ha hecho grandes cosas por su pueblo el Señor.

Como cambian los ríos la suerte del desierto,
cambia también ahora nuestra suerte, Señor,
y entre gritos de júbilo
cosecharán aquellos que siembran con dolor.

Al ir, iban llorando, cargando la semilla;
al regresar, cantando vendrán con sus gavillas.

Del Salmo 125

Vivir la Palabra esta semana

¿Cómo puedo convertir mi vida en un don de caridad para los demás?

Planifica una peregrinación a un lugar religioso cercano y en el camino, ora por los necesitados.

31 DE OCTUBRE 2021

Lectio Divina para la XXXI Semana del Tiempo Ordinario

Empecemos nuestra oración:
En el nombre del Padre, y del Hijo, y del Espíritu Santo.
Amén.

Dios omnipotente y misericordioso,
a cuya gracia se debe el que tus fieles puedan
servirte digna y laudablemente,
concédenos caminar sin tropiezos
hacia los bienes que nos tienes prometidos.
Por nuestro Señor Jesucristo, tu Hijo,
que vive y reina contigo en la unidad del Espíritu Santo
y es Dios por los siglos de los siglos.

Oración colecta, XXXI Domingo del Tiempo ordinario

Lectura (*Lectio*)

Lee la siguiente Escritura dos o tres veces.

Marcos 12, 28-34

En aquel tiempo, uno de los escribas se acercó a Jesús y le preguntó: "¿Cuál es el primero de todos los mandamientos?" Jesús le respondió: "El primero es: *Escucha, Israel: El Señor, nuestro Dios, es el único Señor; amarás al Señor, tu Dios, con todo tu corazón, con toda tu alma,* con toda tu mente *y con todas tus fuerzas.*

El segundo es éste: *Amarás a tu prójimo como a ti mismo.* No hay ningún mandamiento mayor que éstos".

El escriba replicó: "Muy bien, Maestro. Tienes razón, cuando dices que el Señor es único y que no hay otro fuera de él, y amarlo con todo el corazón, con toda el alma, con todas las fuerzas, y amar al prójimo como a uno mismo, vale más que todos los holocaustos y sacrificios".

Jesús, viendo que había hablado muy sensatamente, le dijo: "No estás lejos del Reino de Dios". Y ya nadie se atrevió a hacerle más preguntas.

Meditación (*Meditatio*)

Después de la lectura, toma unos momentos para reflexionar en silencio acerca de una o más de las siguientes preguntas:

- ¿Cuál palabra o palabras en este pasaje captaron tu atención?
- ¿Qué parte en este pasaje te consoló?
- ¿Qué parte en este pasaje te desafió?

Si practicas la lectio divina *como familia o en un grupo, luego del tiempo de reflexión, invita a los participantes a compartir sus respuestas.*

Oración (*Oratio*)

Lee el pasaje de la Escritura una vez más. Dale al Señor la alabanza, petición y acción de gracias que la Palabra te ha inspirado.

Contemplación (*Contemplatio*)

Lee nuevamente el pasaje de la Escritura, seguida de esta reflexión:

 ¿Qué conversión de la mente, del corazón y de la vida me pide el Señor?

 Amarás al Señor, tu Dios, con todo tu corazón, con toda tu alma, con toda tu mente y con todas tus fuerzas. ¿Cómo puedo hacer que Dios sea prioridad absoluta en mi vida? ¿Cómo le puedo mostrar a Dios mi amor por él en esta semana

 Amarás a tu prójimo como a ti mismo. ¿Me amo a mí mismo como hijo amado de Dios? ¿Comparto el amor de Dios con quienes me encuentro?

No estás lejos del Reino de Dios. ¿Cuándo me he sentido cerca del reino de Dios? ¿Cuándo me he sentido lejos del reino de Dios?

Después de unos momentos de reflexión en silencio, todos recen la Oración del Señor y la siguiente:

Oración final

Yo te amo, Señor, tú eres mi fuerza,
El Dios que me protege y me libera.

Tú eres mi refugio,
mi salvación, mi escudo, mi castillo.
Cuando invoqué al Señor de mi esperanza,
al punto me libró de mi enemigo.

Bendito seas, Señor, que me proteges;
que tú, mi salvador, seas bendecido.
Tú concediste al rey grandes victorias
y mostraste tu amor a tu elegido.

Del Salmo 17

Vivir la Palabra esta semana

¿Cómo puedo convertir mi vida en un don de caridad para los demás?

Mira sinceramente a tu horario para ver modos en que podrías dar más tiempo a Dios.

7 DE NOVIEMBRE 2021

Lectio Divina para la XXXII Semana del Tiempo Ordinario

Empecemos nuestra oración:
En el nombre del Padre, y del Hijo, y del Espíritu Santo.
Amén.

Dios omnipotente y misericordioso,
aparta de nosotros todos los males,
para que, con el alma y el cuerpo bien dispuestos,
podamos con libertad de espíritu
cumplir lo que es de tu agrado.
Por nuestro Señor Jesucristo, tu Hijo,
que vive y reina contigo en la unidad del Espíritu Santo
y es Dios por los siglos de los siglos.

Oración colecta, XXXII Domingo del Tiempo ordinario

Lectura (*Lectio*)

Lee la siguiente Escritura dos o tres veces.

Marcos 12, 38-44

En aquel tiempo, enseñaba Jesús a la multitud y le decía: "¡Cuidado con los escribas! Les encanta pasearse con amplios ropajes y recibir reverencias en las calles; buscan los asientos de honor en las sinagogas y los primeros puestos en los banquetes; se echan sobre los bienes de las viudas haciendo ostentación de largos rezos. Éstos recibirán un castigo muy riguroso".

En una ocasión Jesús estaba sentado frente a las alcancías del templo, mirando cómo la gente echaba allí sus monedas. Muchos ricos daban en abundancia. En esto, se acercó una viuda pobre y echó dos moneditas de muy poco valor. Llamando entonces a sus discípulos, Jesús les dijo: "Yo les aseguro que esa pobre viuda ha echado en la alcancía más que todos. Porque los demás han echado de lo que les sobraba; pero ésta, en su pobreza ha echado todo lo que tenía para vivir".

Meditación (*Meditatio*)

Después de la lectura, toma unos momentos para reflexionar en silencio acerca de una o más de las siguientes preguntas:

- ¿Cuál palabra o palabras en este pasaje captaron tu atención?
- ¿Qué parte en este pasaje te consoló?
- ¿Qué parte en este pasaje te desafió?

Si practicas la lectio divina como familia o en un grupo, luego del tiempo de reflexión, invita a los participantes a compartir sus respuestas.

Oración (*Oratio*)

Lee el pasaje de la Escritura una vez más. Dale al Señor la alabanza, petición y acción de gracias que la Palabra te ha inspirado.

Contemplación (*Contemplatio*)

Lee nuevamente el pasaje de la Escritura, seguida de esta reflexión:

 ¿Qué conversión de la mente, del corazón y de la vida me pide el Señor?

 ¡Cuidado con los escribas! ¿Qué amenaza a mi fe? ¿Cómo puedo combatir esas amenazas?

 Se echan sobre los bienes de las viudas haciendo ostentación de largos rezos. ¿Cuándo he dejado de actuar con justicia y caridad hacia mis hermanos y hermanas? ¿Cómo puedo vivir mi fe con una integridad mayor?

Pero ésta, en su pobreza ha echado todo lo que tenía para vivir. ¿Qué puedo entregar a Dios y a su Iglesia? ¿Cómo puedo responder más generosamente a las necesidades de mi alrededor?

Después de unos momentos de reflexión en silencio, todos recen la Oración del Señor y la siguiente:

Oración final

El Señor siempre es fiel a su palabra,
y es quien hace justicia al oprimido;
él proporciona pan a los hambrientos
y libera al cautivo.
Abre el Señor los ojos de los ciegos
y alivia al agobiado.
Ama el Señor al hombre justo
y toma al forastero a su cuidado.

A la viuda y al huérfano sustenta
y trastorna los planes del inicuo.
Reina el Señor eternamente,
reina tu Dios, oh Sión, reina por siglos.

Del Salmo 145

Vivir la Palabra esta semana

¿Cómo puedo convertir mi vida en un don de caridad para los demás?

Investiga los esfuerzos de justicia social de tu parroquia y diócesis (e.g., Catholic Charities, Saint Vincent de Paul Society, Legislative Action Network, etc.) y discierne en oración cómo estás llamado a implicarte en ellos.

14 DE NOVIEMBRE 2021

Lectio Divina para la XXXIII Semana del Tiempo Ordinario

Empecemos nuestra oración:
En el nombre del Padre, y del Hijo, y del Espíritu Santo.
Amén.

Concédenos, Señor, Dios nuestro,
alegrarnos siempre en tu servicio,
porque la profunda y verdadera alegría
está en servirte siempre a ti,
autor de todo bien.
Por nuestro Señor Jesucristo, tu Hijo,
que vive y reina contigo en la unidad del Espíritu Santo
y es Dios por los siglos de los siglos.

Oración colecta, XXXIII Domingo del Tiempo ordinario

Lectura (*Lectio*)

Lee la siguiente Escritura dos o tres veces.

Marcos 13, 24-32

En aquel tiempo, Jesús dijo a sus discípulos:
"Cuando lleguen aquellos días, después de la
gran tribulación, la luz del sol se apagará, no brillará
la luna, caerán del cielo las estrellas y el universo
entero se conmoverá. Entonces verán venir al Hijo del
hombre sobre las nubes con gran poder y majestad.
Y él enviará a sus ángeles a congregar a sus elegidos

desde los cuatro puntos cardinales y desde lo más profundo de la tierra a lo más alto del cielo.

Entiendan esto con el ejemplo de la higuera. Cuando las ramas se ponen tiernas y brotan las hojas, ustedes saben que el verano está cerca. Así también, cuando vean ustedes que suceden estas cosas, sepan que el fin ya está cerca, ya está a la puerta. En verdad que no pasará esta generación sin que todo esto se cumpla. Podrán dejar de existir el cielo y la tierra, pero mis palabras no dejarán de cumplirse. Nadie conoce el día ni la hora. Ni los ángeles del cielo ni el Hijo; solamente el Padre".

Meditación (*Meditatio*)

Después de la lectura, toma unos momentos para reflexionar en silencio acerca de una o más de las siguientes preguntas:

- ¿Cuál palabra o palabras en este pasaje captaron tu atención?
- ¿Qué parte en este pasaje te consoló?
- ¿Qué parte en este pasaje te desafió?

Si practicas la lectio divina *como familia o en un grupo, luego del tiempo de reflexión, invita a los participantes a compartir sus respuestas.*

Oración (*Oratio*)

Lee el pasaje de la Escritura una vez más. Dale al Señor la alabanza, petición y acción de gracias que la Palabra te ha inspirado.

Contemplación (*Contemplatio*)

Lee nuevamente el pasaje de la Escritura, seguida de esta reflexión:

 ¿Qué conversión de la mente, del corazón y de la vida me pide el Señor?

 Entonces verán venir al Hijo del hombre sobre las nubes con gran poder y majestad. ¿En qué momentos he sido consciente del poder y la gloria de Dios? ¿Cómo puedo estar más consciente de la presencia de Dios?

 Entiendan esto con el ejemplo de la higuera. ¿Qué lecciones necesito aprender para ser más fiel? ¿Con qué recursos cuento para crecer en la fe?

Podrán dejar de existir el cielo y la tierra, pero mis palabras no dejarán de cumplirse. ¿En qué cosas pasajeras confío? ¿Cómo puedo crecer en confianza en la santa Palabra de Dios?

Después de unos momentos de reflexión en silencio, todos recen la Oración del Señor y la siguiente:

Oración final

El Señor es el parte que me ha tocado en herencia:
mi vida está en sus manos.
Tengo siempre presente al Señor
y con él a mi lado, jamás tropezaré.

Por eso se me alegran el corazón y el alma
y mi cuerpo vivirá tranquilo,
porque tú no me abandonarás a la muerte
ni dejarás que sufra yo la corrupción.

Enséñame el camino de la vida,
sáciame de gozo en tu presencia
y de alegría perpetua junto a ti.

Del Salmo 15

Vivir la Palabra esta semana

¿Cómo puedo convertir mi vida en un don de caridad para los demás?

Únete a un grupo católico de estudio bíblico en tu parroquia o en línea.

21 DE NOVIEMBRE 2021

Lectio Divina para la Solemnidad de Nuestro Señor
Jesucristo, Rey del Universo

Empecemos nuestra oración:
En el nombre del Padre, y del Hijo, y del Espíritu Santo.
Amén.

Dios todopoderoso y eterno,
que quisiste fundamentar todas las cosas
en tu Hijo muy amado, Rey del universo,
concede, benigno, que toda la creación,
liberada de la esclavitud del pecado,
sirva a tu majestad y te alabe eternamente.
Por nuestro Señor Jesucristo, tu Hijo,
que vive y reina contigo en la unidad del Espíritu Santo
y es Dios por los siglos de los siglos.

Oración colecta, Solemnidad de Nuestro Señor Jesucristo,
Rey del Universo

Lectura (*Lectio*)

Lee la siguiente Escritura dos o tres veces.

Juan 18, 33-37

En aquel tiempo, preguntó Pilato a Jesús: "¿Eres
tú el rey de los judíos?" Jesús le contestó: "¿Eso
lo preguntas por tu cuenta o te lo han dicho otros?"
Pilato le respondió: "¿Acaso soy yo judío? Tu pueblo

y los sumos sacerdotes te han entregado a mí. ¿Qué es lo que has hecho?" Jesús le contestó: "Mi Reino no es de este mundo. Si mi Reino fuera de este mundo, mis servidores habrían luchado para que no cayera yo en manos de los judíos. Pero mi Reino no es de aquí".

Pilato le dijo: "¿Conque tú eres rey?" Jesús le contestó: "Tú lo has dicho. Soy rey. Yo nací y vine al mundo para ser testigo de la verdad. Todo el que es de la verdad, escucha mi voz".

Meditación (*Meditatio*)

Después de la lectura, toma unos momentos para reflexionar en silencio acerca de una o más de las siguientes preguntas:

- ¿Cuál palabra o palabras en este pasaje captaron tu atención?
- ¿Qué parte en este pasaje te consoló?
- ¿Qué parte en este pasaje te desafió?

Si practicas la lectio divina *como familia o en un grupo, luego del tiempo de reflexión, invita a los participantes a compartir sus respuestas.*

Oración (*Oratio*)

Lee el pasaje de la Escritura una vez más. Dale al Señor la alabanza, petición y acción de gracias que la Palabra te ha inspirado.

Contemplación (*Contemplatio*)

Lee nuevamente el pasaje de la Escritura, seguida de esta reflexión:

 ¿Qué conversión de la mente, del corazón y de la vida me pide el Señor?

 ¿Eso lo preguntas por tu cuenta o te lo han dicho otros? ¿Qué digo yo sobre Jesús? ¿Cómo les hablo a los demás sobre mi fe?

 Mi Reino no es de este mundo. ¿Cuáles de mis valores reflejan los valores del mundo? ¿Qué puedo hacer para cambiarlos?

Todo el que es de la verdad, escucha mi voz. ¿Cómo oigo la voz de Dios? ¿Cómo puedo ser más receptivo a la verdad de Dios?

Después de unos momentos de reflexión en silencio, todos recen la Oración del Señor y la siguiente:

Oración final

Tú eres, Señor, el rey de todos los reyes.
Estás revestido de poder y majestad.

Tú mantienes el orbe y no vacila.
Eres eterno, y para siempre está firme tu trono.

Muy dignas de confianza son tus leyes
y desde hoy y para siempre, Señor,
la santidad adorna tu templo.

Del Salmo 92

Vivir la Palabra esta semana

¿Cómo puedo convertir mi vida en un don de caridad para los demás?

Reflexiona sobre la caridad y la verdad en la encíclica del papa Benedicto XVI, *Caritas in Veritate: http://www.vatican.va/content/benedict-xvi/es/encyclicals/documents/hf_ben-xvi_enc_20090629_caritas-in-veritate.html*.